Soy potente

La capacidad habita en la creencia

"La filosofía personal no se expresa mejor en las palabras, se manifiesta en las elecciones que hacemos. Las decisiones que tomamos son, en última instancia, responsabilidad nuestra". Eleonor Roosevelt

Prólogo de Héctor Salama

Este libro nació por el interés que tanto Adrián como yo tenemos por ofrecer opciones de crecimiento a tantas personas que desean progresar y alcanzar una mejor posición económica en sus vidas. Un señor de cincuenta años que tomó nuestro Máster en Desarrollo de la Abundancia Financiera le dijo a un emprendedor de veinticinco años de edad lo siguiente: Ojalá hubiera sabido esto cuando era joven.

Desde nuestro punto de vista, nunca es tarde para iniciar la tarea de mejorar económicamente si aprovechamos todos los medios que aparecen cada día para descubrir el primer escalón hacia la cumbre del éxito. Nunca es tarde.

La vida es breve pero maravillosa por la cantidad de oportunidades que nos ofrece. La mejor opción que hemos encontrado para aprovecharlas se nos muestra a través de lecturas afines a nuestros deseos, del contacto con personas pudientes y de una actitud positiva para obtener logros financieros.

No es cosa del otro mundo ser millonario, ya que si alguien lo logró, cualquiera de nosotros también puede conseguirlo. ¿Qué se necesita?

1. Eliminar el pesimismo de creencias negativas, como por ejemplo decir: Qué suerte tuvo esa persona.
2. Cambiar la envidia por admiración.

3. Ahorrar una parte de lo que recibas por tu trabajo para crear un fondo de reserva.
4. Administrar ingresos y egresos.
5. Tener cuidado con las tarjetas de crédito.
6. Trabajar por placer y no por obligación.
7. Cuanto antes iniciemos nuestro viaje hacia el éxito pronto nos hallaremos con él.
8. Aprovechar las oportunidades que se nos presenten y desechar aquellas en las que no estemos de acuerdo.
9. Nunca menosprecies tu capacidad de crear algo nuevo o mejorar algo existente.
10. Aceptar que tienes derecho de alcanzar lo que quieras.

Esperemos que este libro te sirva para que descubras tus alas y las utilices para llegar hasta donde tú quieras.

Introducción de Adrián Salama

No sabes el gusto que me da saber que has elegido el camino de la abundancia para tu vida. Al principio parece un camino rocoso, empinado y sinuoso, sin embargo, tú llevas contigo todo el equipo que necesitas para encontrar el éxito en la cima de tu propia montaña.

Elegí escribir este libro con mi padre, no solo por mi admiración, sino también por la experiencia con la que cuenta.

En 2017 yo fui presa de mis propias decisiones. Caí en el peor error que pude haber cometido y la consecuencia natural fue la banca rota. No solo estaba quebrado, sino que también me caí moralmente. Yo entiendo que errores cometemos todos, pero yo me sentía superior, era soberbio y narcisista. Según yo, no podía cometer equivocaciones y menos habiendo terminado un doctorado en Psicoterapia (menos mal que no era en Economía).

Tuve que pedir prestado y dejar de contestar cientos de llamadas que me pedían que pagara las tarjetas y los servicios que había usado para solventar los horrores de mis decisiones. Para serte sincero, en muchos momentos pensé en quitarme la vida, sin embargo, entre la cobardía y el miedo, mejor decidí hacer un cambio de atención y enfocarme en lo que sí podía hacer. Es así como surgieron varias ideas y oportunidades. Solo que ahora todas venían desde la humildad. Había tocado fondo y no tenía nada que perder. Eso me dio la fortaleza de usar mi mente hacia mi beneficio y no solo para buscar el dinero.

Este libro obedece a esta necesidad. Quiero que, si tú pasas por algo como lo que yo viví o simplemente no quieres jamás llegar a algo así, esta información sea para ti la luz que me iluminó. Ya han pasado más de dos años y más de cincuenta libros leídos sobre desarrollo de finanzas personales sanas y dos *workshops* (talleres) con personalidades internacionales que brindan consejos sobre economía. Lo que no encontré en toda esta información y que sí esta en este libro, es el cómo. Todos te dicen qué hacer, dónde y cuándo, pero pocos se atreven a decir el secreto: la manera de hacerlo.

De verdad espero de corazón que, si te encuentras en la crisis en la que yo estaba, logres salir con la información que está escrita aquí. Y si no estás en una dificultad, que el contenido de este libro sea tu camino a seguir para vivir en armonía y abundancia.

CAPÍTULO 1

¿Qué es la pobreza?

Definición: escasez o carencia de lo necesario para vivir.

Origen: es una creencia alojada en nuestra memoria cuyo origen está en los mensajes recibidos de los adultos responsables de su existencia.

Se puede tener dinero y seguir siendo pobre. La subcultura de la miseria se impregna en la mente y dictamina la imposibilidad de ser rico, aunque se tengan algunos recursos. Más por la ignorancia o porque se busca poder sobrevivir diariamente, se establece un lenguaje específico donde la expresión natural es justificar su estado a través de la victimización con frases que contienen rencor y culpando a la sociedad del abandono en el que están.

Las personas que viven en la pobreza gastan su dinero en productos y servicios que no necesitan o que resultan peligrosos para la salud, y por ignorancia pierden la oportunidad de invertirlo en fuentes productivas. Ser pobre no es ningún privilegio, ya que la carencia de lo más indispensable lleva a la desnutrición, a la frustración, a los arranques de agresión y en muchos casos a la muerte o a la delincuencia y a las adicciones.

Desde nuestro punto de vista, los gobiernos latinoamericanos no aman a su pueblo. Pareciera que el resentimiento popular, originado por la conquista europea, se mantiene de generación en generación y en lo que menos se piensa es en el desarrollo de la sociedad porque ello podría significar la comprensión de la opresión y por lo mismo la rebelión intelectual.

Los gobiernos que se apropian de la "educación" no quieren personas exitosas que no puedan controlar, desean individuos sometidos que se dejen acarrear para justificar su poder y para que no molesten. La necesidad de controlar a quienes ven como enemigos es la razón de las dictaduras en los pueblos dominados. Menor educación es la receta de quienes ostentan el poder.

A veces los gobiernos populistas tratan a los pobres como si fueran niños y les dan comida en lugar de apoyarlos para que aprendan algún oficio u ofrecerles una buena educación a sus hijos para que estos logren ascender en la escala social. El mayor problema de la pobreza es la mala alimentación y la ignorancia derivada de lo anterior.

Palabras de impotencia que llevan al camino de la escasez

Dado que la pobreza está clasificada como una subcultura de carencias, el lenguaje utilizado reiteradamente es parecido a lo que continúa:

- Así nacimos
- Confórmate con lo que se te da
- No te quejes, hay personas que están peor que nosotros
- Dios proveerá
- No eres hijo de rico
- Trabaja y aporta a la casa
- Ayuda a la familia si tienes dinero
- Solicita a algún familiar que te ayude
- Con el alcohol o las drogas anulas el dolor
- Pide limosna en la calle
- Dios ama a los pobres
- Pidamos milagros
- El dinero lo es todo

Observa en esta lista si concuerda con alguna o varias de las frases de carencia que pudiste haber aprendido en tu niñez y adolescencia. Este tipo de convicciones anulan la creatividad. Tener dinero no significa ser rico, a menos que se fortalezcan las fuentes de ingreso. El dinero simplemente es un medio de intercambio que sirve para vivir como se desee.

A veces por ignorancia malgastamos nuestros sueldos en compras innecesarias o jugamos a la lotería y seguimos quejándonos de nuestra situación financiera. Este problema radica en la falta de educación sobre las bondades de tener paciencia. Tener absolutamente todo en el momento que se desee es una necesidad que solo los bebés experimentan como un medio de supervivencia. Esta omnipotencia narcisista, como la explicó Sigmund Freud[1], es nociva para cualquier sociedad.

Aunque en ocasiones existen creencias limitantes como el rechazo hacia el dinero, esta es la única manera en que los seres humanos miden universalmente el progreso del emprendimiento. Tal vez no sea agradable leerlo, pero el dinero en forma de estados financieros es la mejor manera de medir si estamos desarrollando correctamente nuestra idea hacia la prosperidad. Sin embargo, las personas que han logrado el éxito económico no calculan sus triunfos por el dinero que generan sino por la potencia que desarrollan.

Esto es en lo que realmente los millonarios ponen su atención. Desarrollar su potencial de manera constante es la idea que los dirige. Con el dinero se puede hacer virtualmente casi todo. Ayudar a otros, generar cambios sociales, culturales, artísticos, arquitectónicos; tú piensa en cualquier cosa y con el dinero se hace aún mejor. Incluso en el amor el dinero es una fuente de acción. Amar a alguien es dar algo, qué mejor que poder siempre dar lo mejor de nosotros al otro y sobre todo a nosotros mismos.

¿Quieres aprender o saber aún más?, con dinero aceleras el conocimiento con herramientas y tecnología a la que tendrás acceso de manera más sencilla y sin tener que esperar turno. Como

---

[1] Padre del psicoanálisis

mencionamos anteriormente, el dinero acelera, facilita y convierte virtualmente muchos de los sueños en realidades, siempre que se siga invirtiendo.

La falsa idea de que el dinero es un problema

Culpar al dinero de separaciones familiares es una excusa para no resolver los problemas. Mientras los celos, el rencor y la envidia estén presentes, las parejas y las familias se deshacen.

En algunas ocasiones tener dinero acelera la separación de las personas que de todas maneras se iban a alejar. Hemos comprado la idea sobre las relaciones familiares eternas, y muchas veces para evitar conflictos nos limitamos en el desarrollo de nuestro potencial para impedir que los demás se sientan mal.

Piensa que al limitarte tú lo único que estás logrando es censurarte, es dormir el talento, don o habilidad con la que has nacido, y solo tienes esta vida para poder aprovecharlo. El dinero se puede convertir en una solución a muchos problemas, y de existir estos en el camino, el conocimiento que obtienes con este libro te lleva a poder solucionarlos de la manera más creativa posible.

La creencia

Durante muchos años algunas religiones han transmitido a sus seguidores que ser pobre es bueno porque cuando mueran van a ir al cielo como recompensa, mientras que los ricos irán al infierno. Este tipo de ideas apoyan la creencia de que la persona no debe ansiar la riqueza porque es un pecado que se castiga. Obviamente la religión utiliza las oraciones a Dios de sus fieles para que estos resuelvan sus necesidades. Las iglesias están llenas de pobres que buscan vivir mejor a través de la fe.

Los ricos no llegan al cielo

A partir de esta frase aprendida por el pobre, no crea un patrimonio y no crece. Este tipo de falsa recompensa impide que de la pobreza se aprenda que ser bueno implica no desear la riqueza, ya que nadie quiere ir al infierno. Esta inexacta creencia arraigada en las clases sociales menos favorecidas fortalece la idea de llegar al cielo cuando mueran, es decir, crean falso convencimiento de utilizar la esperanza de un futuro incierto y reduce las opciones de tener una vida mejor para ellos y para su descendencia en el aquí y ahora.

En la actualidad algunas religiones han ido perdiendo el poder que tenían generaciones atrás y como tal disminuyeron su influencia en las creencias que generaban en sus seguidores. La pobreza no solo se presenta económicamente, por desgracia también aparece de múltiples maneras, como por ejemplo en expresiones, conductas y convicciones negativas.

La miseria que en este libro combatimos no es la monetaria sino la mental. Los seres humanos somos los únicos animales que nos comportamos de manera económica y esta relación de intercambio y movimiento monetario es lo que nos ha hecho crecer, pero también destruirnos cuando no se ha tenido una educación en valores éticos o al haber aprendido a tener creencias negativas.

A nosotros no nos interesa si existe el cielo o el infierno porque sabemos que estos dos se viven aquí en la Tierra cuando tienes los sueños que se cumplen o los que no se desarrollan cuando por creencias pierdes la oportunidad de expresarlos, o simplemente de poder ser lo que realmente deseas.

Falsas creencias

– Los ricos son soberbios, aprovechados, usan a los pobres y los tratan mal, son malas personas y son avaros.
– Los pobres son humildes, buenos, trabajadores, generosos e ignorantes.

La realidad nos señala que hay de todo en la viña del Señor, como dice un proverbio español. Hay ricos generosos, trabajadores, persistentes, humildes y que tratan muy bien a sus empleados. Al contrario, también hay pobres que tratan mal a quienes ven como inferiores.

Conclusión: hay gente buena y mala en el mundo, independientemente de la clase social a la que pertenece.

El autor George Orwell, que durante algún tiempo fue miembro del grupo del movimiento socialista, se separó de él cuando se dio cuenta que esa agrupación no amaba a los pobres, sino que odiaba a los ricos y enmascaraba todo por medio de un falso apoyo a la clase más carente.

Las falsas creencias crean realidades incorrectas. Estas lastiman el ecosistema de quien las vive. Ser abundante, rico, próspero y tener valores éticos es algo en lo que todos los seres humanos deberíamos de enfocarnos porque nos lleva a un estado de intercambio sano y sobre todo de apoyo incondicional para poder sentirnos triunfadores.

Actualmente el mundo tiene más dinero, aún así las creencias falsas evitan que las personas de grandes sueños persigan sus metas porque tienen miedo de que haya carencias. Aquí mismo te decimos que eso es una mentira. El mundo es sumamente abundante, hay para todos y hay aún más para las personas valientes que se atreven a perseguir y realizar sus sueños.

Frases que los pobres repiten constantemente y que logran detener sus opciones de crecimiento:

1.- Es imposible

- Esta oración anula cualquier posibilidad de éxito en el campo en donde la persona se desarrolle
- Provoca enojo y tristeza
- Se cierra cualquier opción de cambio
- La creatividad del individuo se ve mermada por la barrera mental que se ha creado a través del lenguaje limitativo

2.- Ahora no se puede

- Ni mañana ni nunca
- Esta frase anula la opción de posibilidad de cambio en el futuro
- Provoca tristeza, impotencia, enojo y decepción
- Es una queja que destruye los sueños de éxito

3.- Cuando se pueda

- Sirve para apagar el deseo de adquirir algo
- Provoca la sensación de una esperanza que se pueda cumplir alguna vez, cosa que nunca ocurre y que provoca en los niños la sensación de fracaso y de creer que nunca se lograrán sus sueños de vivir mejor

4. -Sí, pero

- Es una forma aparente de estar de acuerdo con algo y rechazar el deseo de cumplirlo
- Esta oración anula lo que pudiera haberse dicho anteriormente
- Es una manera de debilitar la opción prometida

- Ejemplo: sí te compraré tu regalo, pero por ahora no se puede porque no tenemos dinero

5.- Hubiera

- Algo que ya pasó no puede ser rescatado
- Es provocarse culpa que sirve para sentirse mal y renunciar a continuar con el deseo de resolver algo
- Equivocarse es haber tomado la ruta errónea y ver que el resultado no se da como se esperaba
- Quedarse estancado en la equivocación y esperar un milagro es la peor manera de resolver un problema

6.- No tenemos dinero

- Es el discurso que se emplea para matar las ilusiones de seguir adelante
- Anula la opción de conquistar nuevas rutas y sume a la persona en la depresión al seguir incrementando el enojo y los pensamientos de impotencia

7.- Confórmate con lo que tienes

- Esta frase impide e inhibe la creatividad y apoya el seguir viviendo de manera mediocre
- Favorece la sociopatía. Al individuo se le hace fácil robar, mentir y continuar aprovechándose de quienes sí trabajan de manera digna y responsable

8.- Eso no es para ti

- Cuando alguien desea imitar a personas pudientes sin una base real que le permita hacer lo que ve en los demás estará condenado por su grupo familiar a que renuncie continuar con esas aspiraciones

- Cuando dije que algún día sería rico me contestaron: Ni se te ocurra pensarlo. No naciste en cuna de oro. Pero lo ignoré porque confiaba en mí y el resultado actual me demuestra que hice bien en desobedecer la orden

9.- ¿Quién te crees que eres?

- Si una persona de condición socioeconómica baja le dice a su familia que quiere comprar un auto, inmediatamente tratan de que se olvide de ello porque no tiene con qué pagarlo
- Le dicen que no ignore de dónde proviene y que se contente con usar la bicicleta usada que con tanto trabajo logró comprar

10.- Dios ama a los pobres

- Esta mentira propagada por la religión tiene como fin que las personas se sientan seres elegidos para que sigan estancados en la pobreza y que no ansíen mejorar económicamente porque si llegaran a ser ricos Dios dejaría de amarlos y los enviaría al infierno

11.- Mañana lo hago o lo traigo

- La postergación impide el crecimiento porque es la peor manera de fracasar y de perder opciones que pueden impulsar a la persona a mejorar su economía y por ende su manera de vivir mejor
- Dejar las cosas que pudieran hacerse en el momento presente para después es una manera de lastimarse y de detener su desarrollo personal

12.- No se pudo por culpa de…

- Acusar a otras personas o a las situaciones que se presentan de manera cotidiana no sirve más que para justificar su fracaso
- La dependencia limita el crecimiento porque ata a la persona para que esté en función de otra y que la obedezca para beneficio de ésta última

13.- Somos pobres pero honrados

- De hecho, esta justificación es una excelente manera de preservar valores sociales, pero no debe ser un freno para seguir avanzando en el logro de mejores posiciones laborales
- Se puede ser rico y también honrado

14.- Los ricos tienen dinero, pero no son felices

- Esta mentira sirve para satisfacer el estancamiento social y para evitar la envidia
- Hay pobres infelices y ricos dichosos. El decir este tipo de frases se convierte en una manipulación psicoemocional suficientemente fuerte que sirve para limitar el desarrollo del crecimiento del individuo

15.- Lo que importa es la salud

- Obviamente estar enfermo detiene la fuerza de perseguir el éxito. Estamos de acuerdo que tenemos que cuidar nuestra salud para continuar con nuestro crecimiento personal, pero esta oración se utiliza generalmente para compensar un estado de limitantes económicas. Es decir: pobre pero sano.

16.- Si no hubiera pasado tal cosa estaríamos mejor que ahora

- Esta es otra justificación para no ser triunfadores. Culpar a lo que ha sucedido es seguir sometiéndonos a la inercia y detenernos en la búsqueda del éxito. Las excusas frenan el logro y frustran el éxito

- En el fondo flota una frase que señala que no se es merecedor del éxito y por ello las personas se frustran

NOTA. A partir de este momento sugerimos tener presentes los obstáculos que hemos descrito para ejercer el poder de desobedecerlos. Pueden surgir nuevas y diferentes tipos de oraciones negativas. Creemos que tendrás el poder de superarlas.

Entendemos que romper con estos mensajes puede simbolizar también el creer que se está traicionando a nuestras figuras de autoridad. Separarse de la neurosis familiar no solo es lo mejor que puedes hacer con tu vida, sino que además te impulsamos para que decidas salirte del sistema familiar que tiene creencias limitantes y te conviertas en la punta de lanza de las generaciones venideras. Si tú creces podrás ayudar más a tus seres queridos a mejorar su situación económica.

¿Qué es la potencia?

Es la capacidad de lograr lo que se desea y tener la confianza de obtenerlo. Como ya señalamos antes, la potencia estimula a obtener el éxito y a levantarse de cualquier fracaso anterior. Todos los seres vivos cuentan con este talento, ya que está en relación directa con la adaptación y supervivencia de la especie. Árboles muy grandes impiden el crecimiento de los más chicos, a menos que estos encuentren alguna salida y puedan seguir su desarrollo.

Aunque cualquier persona posee dicha capacidad, puede no saber cómo utilizarla y repite patrones antiguos de carencia y de inseguridad en sí misma. Así como los niños aprenden lo que viven, la subcultura en la que se desarrollan es vital para conformar un estilo de vida particular.

La pobreza o la riqueza a la que puede alcanzar un ser humano estará en función de la crianza con la que fue educado y en la que se fue desarrollando desde su infancia. El modelo de aprendizaje de un individuo se desenvolverá dependiendo de los factores antedichos. Padres potentes facilitan el desenvolvimiento hacia el éxito de su progenie. La educación y el modelo que se le presente a los hijos es elemental para impulsarlos a fortalecer la creencia en sí mismos para que puedan alcanzar sus propuestas hacia una mejor vida.

Padres quejosos ofrecen una mala conducta para el buen desarrollo de sus hijos, ya que estos imitan el comportamiento que se les presenta. Como la potencia habita en la creencia, entonces tenemos que cambiarla.

¿Por qué muchas personas dicen que no pueden alcanzar sus sueños?

Esto se debe a la subcultura en la que han crecido como lo hemos comentado anteriormente. Las quejas y el no tener ejemplos de éxito logran estructurar una personalidad quejosa y pesimista. Si alguien del grupo al que pertenece tuviera la oportunidad de recibir un aumento de sueldo piensa que no lo merece. Esto se llama fracaso ante el éxito y se debe a creencias erróneas aprendidas de sus mayores.

De hecho, cuando alguien de una familia se destaca y logra un puesto de trabajo en el que cobra más dinero que el resto, el grupo familiar hará todo lo posible para que dicha persona se convierta en el salvador del grupo y poco a poco este se irá debilitando por las deudas de los familiares que pensaban que el bienestar logrado temporalmente iba a ser permanente.

A veces el benefactor se salva retirándose del grupo y cosechando enojos y culpas de quienes no aprendieron a tener logros por sus actitudes pasivas.

El Dr. Héctor Salama se refiere a este tipo de situaciones como programas genéticos que debemos de cambiar. Los primeros siete años de vida de cualquier individuo serán la base de los programas con los que se vivirá el resto de los años. Estos programas inconscientes son los que determinarán si una persona se queda en la mediocridad o si saldrá del caparazón para explotar su potencial.

En su informe "El México del 2018", el Centro de Estudios Espinosa Yglesias señala que siete de cada diez personas que nacen en hogares con pocos ingresos, difícilmente lograrán salir de la pobreza. Es por esta razón que puedes conocer gente con un alto potencial que no logra salir de la escasez y a otra sumamente torpe que se mantienen en la riqueza. Todo depende del inicio y desarrollo de su educación. Esto no es determinante pero sí genera un alto porcentaje de predeterminación.

La mejor manera de destruir estos programas inconscientes es a través de métodos de hipnosis consciente o de la aplicación de la metodología científica que utilizamos en nuestros proyectos teórico-prácticos que impartimos a lo largo de Latinoamérica.

Propósitos de vida, la importancia de saber elegir

Cuando una persona tiene claro qué es lo que desea para su vida utilizará todo su potencial emanado de sus creencias positivas para lograrlo. Lo mismo pasa si el plan de vida no está claro o es negativo. Esto significa que el resultado dependerá de qué es lo que alguien se propone para su desarrollo existencial desde el conocimiento de su propio aprendizaje y la puesta en práctica del mismo.

De hecho hay que tener cierta claridad de pensamiento para darse cuenta de cómo desea que sea su conducta futura y los resultados se darán conforme al tipo de pensamiento o creencia que lo guíe, siempre y cuando esté apoyado en la voluntad de cambio del individuo y su posterior acción.

Es aquí en donde el papel de la atención es de suma importancia. Antes de que todos tuviéramos un equipo móvil con la capacidad de estar conectado a la red de Internet las veinticuatro horas del día, era fácil atraer la atención de la gente.

Hoy, con la evolución de la tecnología, todas las empresas buscan acaparar tu atención. Esta es la nueva moneda. La compañía que obtenga más interés del público será la que más éxito tenga.

Cuando no se tiene claro lo que se propone es fácil caer en las redes del entretenimiento y la aburrición. De esta manera es como la empresa que mejor logre obtener tu atención tendrá también tu dinero y esto es lo que un emprendedor no desea.

Según Friedrich Nietzsche, el hombre o la mujer que tiene claro su porqué_de vida (propósito), resuelve cualquier cómo que se le presente.

No hemos encontrado dentro de la educación latinoamericana que existan modelos primarios de enseñanza en donde la claridad de metas o la búsqueda de un propósito de vida sean parte del currículo estudiantil; este está completamente manifestado por una necesidad de crear obreros o empleados de empresas.

Emprender es algo que ha surgido a lo largo de los años desde que empresas como Microsoft, Google y Facebook (entre las más conocidas) hicieron sus primeros millones, y en Sillicon Valley, en California, se comenzó a hablar sobre las *startups*. Hoy, en nuestro país y Latinoamérica, la idea de las *startups* tiene más fuerza, pero esto no ha impregnado el pensamiento de seguir desarrollando talento en la educación.

Sintonízate

Esto significa explayarse sobre las frecuencias en las que te debes manejar para alcanzar el nivel de las personas millonarias si esa es tu decisión. Como las frecuencias FM o AM de la radio, requieres sintonizarte en la misma frecuencia de las personas de la clase alta. Para ello trata de conocer sus historias de vida y establecer contactos con quienes sean más pudientes que tú para aprender sobre su conducta. Observa cómo se manejan, en dónde invierten y por qué. Y recuerda nuestro lema: "Si otros pueden, tú también puedes".

Pierde el miedo de crecer y acepta que mereces vivir cada día mejor que el anterior. No escuches a las personas quejosas o rencorosas, aléjate de quienes obstaculizan tu desarrollo por el temor de que los abandones. Atrévete a alcanzar el éxito pensando que realmente lo mereces.

Hazte la siguiente pregunta: De tu círculo más cercano, ¿tú eres la persona más exitosa? Si la respuesta es afirmativa, entonces necesitas conseguir un nuevo grupo para seguir desarrollándote. Si la respuesta es negativa, es importante que reconozcas si las personas dentro de tu círculo te están ayudando en tu crecimiento personal o a estancarte.

Información básica de las clases sociales
Es muy importante que entiendas cómo está dividida la población a nivel económico.

Clase alta – alta
Está en la cima de la pirámide social, son las personas que poseen más riquezas, influencias y poder dentro de la sociedad. Son empresarios dueños de compañías con mayor importancia internacional o son familias que han heredado fortunas de generación en generación, son emprendedores creativos con éxito.

Clase alta

Se encuentra conformada por los llamados nuevos ricos, son aquellos que han alcanzado el estado de prosperidad económica en el que se encuentran gracias a sus esfuerzos o por aprovechar las circunstancias adecuadas en el mercado mundial.

Clase media alta

Es el grupo social que se encuentra unos escalones por encima de la clase media, tienen un ingreso superior al promedio, cuentan con estudios universitarios y se posicionan en un puesto jerárquico en el mercado laboral.

Clase media

Se trata de la mayoría de la población, en general son propietarios de sus casas y autos, y tienen un elevado nivel educativo, pero no cuentan con grandes recursos económicos como aquellos que están por encima.

Clase media baja

Son una minoría que deriva de la clase media, rentan algo económico y logran cumplir sus necesidades básicas sin demasiado esfuerzo, pero no cuentan con ingresos suficientes para derrochar.

Clase baja

Conformada por los trabajadores que a duras penas logran conseguir cubrir las necesidades básicas (educación, alimentación, vivienda y salud). No tienen acceso a la salud privada. Están en la base de la pirámide social y son personas que no tienen educación o empleo fijo, tienden a estar desempleados por mucho tiempo, no poseen vivienda propia o acceso a la salud privada. Viven con lo mínimo gracias a la caridad.

La importancia del autoapoyo en tu desarrollo de abundancia

Todos llegamos a este mundo solos y nos vamos sin nada. El autoapoyo es un tema que no se aprende en la escuela y es a base de los golpes que se irá construyendo.

Los seres humanos tenemos muchas características que nos ayudan a ser un soporte de la comunidad o de la familia en la que vivimos. Si todos tuviéramos exactamente los mismos talentos o dones, entonces jamás hubiéramos evolucionado como especie.

El Dr. Héctor Salama señala que el autoapoyo nace de la relación sistémica sana entre autoimagen, autoconcepto y autoestima. Si estos tres están en sincronía, entonces el autoapoyo será fuerte. Sin embargo, para poder llegar a un balance como el que se desea, primero se debe de cuidar el desarrollo desde el primer aspecto.

Autoimagen

En el enfoque Gestalt llamamos autoimagen a la forma en que nos vemos a nosotros mismos. Tiene que ver con el físico, con lo visible, en otras palabras, tú frente al espejo. Cuando te ves en él, ¿cuáles son los primeros pensamientos que tienes? ¿Te criticas? ¿Te desagrada alguna parte de ti? ¿Te gustas? ¿No te agrada verte? ¿Solo te fijas en lo que no te gusta de ti? ¿Alguien en tu familia hace lo mismo? Todas estas preguntas son la base más importante de la autoimagen. Al construirnos como seres únicos y maravillosos, sin compararnos con nadie (como dice el Dr. Héctor Salama), nuestra autoimagen se mantiene sana.

Se define a la autoimagen como la creencia que hemos desarrollado sobre nosotros mismos y es originada por el trato que hemos recibido de los adultos desde que éramos niños. Cuando tenemos una pobre imagen de nosotros es porque hemos aprendido a compararnos porque así lo hacían con nosotros los adultos significativos que tuvimos en nuestro desarrollo.

El niño aprende lo que vive. Sabiendo lo anterior debemos mejorar nuestra autoestima descubriendo nuestros talentos naturales y amándonos a nosotros mismos sin criticarnos. Nombremos nuestras cualidades y felicitémonos por nuestros éxitos, por pequeños que estos sean.

Si aún no te encuentras en este estado, entonces nuestra recomendación es que te mires todos los días en el espejo y en vez de criticarte te digas palabras amorosas y aprecies tu cuerpo, sin importar edad, gordura, arrugas, acné, cicatrices, etc.

El siguiente nivel se compone del autoconcepto

Se define como la opinión o idea que tengamos de nosotros mismos. Las bases del autoconcepto y su influencia es ineludible. La voz de la duda y de la inseguridad puede ser fuerte.

Antes señalamos sobre lo que miras en el espejo, ahora vamos a hablar de lo que piensas que eres capaz de desarrollar dentro de ti. En el autoconcepto vive el inicio de tu Yo. Este puede ser sintónico o distónico. Cuando es sintónico representa un ideal del Yo. Cuando es distónico se conoce como el Yo ideal imposible de lograrse. El primero te lleva a crecer y seguir desarrollándote y el otro te lleva a frustrarte y a quitarte energía. Una vez que tienes estos dos conceptos bien entendidos, entonces podemos empezar a hablar sobre tu autoconcepto o lo que piensas de ti.

Si te sientes capaz, potente, gracioso o con las cualidades positivas que se te ocurran, entonces lo más seguro es que el mundo que has construido a tu alrededor te reflejará un ambiente parecido.

Desgraciadamente lo mismo ocurre si ves el mundo como un lugar horrible en donde todos mienten y son malas personas, entonces es seguro que el autoconcepto que tienes de ti mismo es pobre y escaso.

Modificar el autoconcepto es la base para que tu autoestima se considere elevada.

Autoestima

Esta palabra de la que todos hablan y dicen tener alta o baja, aunque nadie la ha podido medir. Cuánto te amas a ti mismo no puede ser medido porque el amor no es mensurable. Sin embargo, sí podemos hablar de que alguien tiene una autoestima sana o no. Cuando tu autoimagen y autoconcepto están alineados y sincronizados, entonces tu autoestima estará igual.

A mayor fortaleza de estos dos conceptos anteriores más grande será la resiliencia que tengas para poder soportar los golpes que la vida entrega a lo largo del tiempo que vivas en este maravilloso planeta.

De la impotencia a la potencia

Los millonarios que nacieron con la sensación de temor o de impotencia que no les permitió vivirse de esa manera pensaron que dependía de ellos el salir adelante y programaron sus mentes para lograr su objetivo para crecer. Utilizaron la experiencia de algún mentor y pusieron en marcha la potencia que mantenían oculta. Se dieron cuenta que era factible ser igual que esa persona o incluso superarla. Tuvieron que trabajar para abandonar las creencias limitativas con las que se desarrollaron durante su niñez y adolescencia y la culpa subsecuente.

Contesta lo siguiente:

- ¿Ante quién te sientes impotente?
- ¿En qué momento te has sentido incompetente?
- ¿A quién te pareces de tu familia?
- ¿Ante qué o quién te sientes potente?

Contestar estas preguntas no solo te abrirá los ojos, sino que además te permitirá usar todas las herramientas que te entregamos aquí para salir de ese estado y conquistar lo que deseas.

Cuando por fin entiendes dónde te encuentras es mucho más sencillo ir hacia dónde quieres y lograr tus sueños y objetivos.

La importancia de descubrir y seguir siendo curiosos

Desde nuestra infancia ponemos a prueba el mundo en el que nos estamos desarrollando. Somos pequeños investigadores, curiosos de todo lo que nos rodea. Queremos tocar y sentir lo nuevo que aparece sobre el suelo, incluso desde que gateamos, y más cuando damos los primeros pasos.

No existe un solo ser humano que no haya sido curioso a lo largo de su vida. Y podemos afirmar esto porque el cerebro que rige la curiosidad es tu cerebro reptiliano. Esto es, tu cerebro más viejo genéticamente hablando. Es por eso que cuando conocemos a algunos participantes de nuestros proyectos nos sorprende que en su discurso llegan a opinar que no son curiosos o que les cuesta trabajo serlo. Pero la buena noticia es que como lo van concientizando, hay mayor posibilidad de que lo resuelvan en poco tiempo. Toda persona en su niñez es curiosa por naturaleza.

Aprender a descubrir y maravillarnos de la magia que existe a nuestro alrededor nos otorga poder sobre la realidad que vivimos. Los más grandes descubrimientos solo pudieron existir porque alguien tuvo la curiosidad de observar el hecho desde otro punto de vista de su realidad y se atrevió a establecer contacto con ello.

Nosotros creemos que todo ser humano tiene la posibilidad y la capacidad de llevar su potencial al máximo, lo único que tiene que hacer es darse el permiso de reaprender a ser curioso. Con la curiosidad nace la creatividad. ¿Sabías que de pequeñas todas las personas ríen un promedio de trescientas veces al día, mientras que cuando nos hacemos adultas lo hacemos menos de cincuenta veces diarias? Esto no solo es una desgracia, sino que además genera enfermedades como la depresión, la cual puede evitarse al explotar nuestra creatividad hacia las metas que nos propongamos para reencontrarnos con la alegría de vivir.

Cuando te permites ser una persona creativa tu cerebro estará buscando nuevas maneras de resolver viejos problemas. Es en el proceso de descubrir que nuestra mente se entretiene a merced de nuestra voluntad. Una mente creativa es una mente abundante y al tener esta programación, de inmediato las oportunidades aparecerán a nuestro alrededor y podremos explotarlas a nuestro gusto y parecer.

Es extraña la persona que se siente creativa después de la adolescencia. Incluso en varios de los programas de desarrollo emocional que hemos dado, una creencia que es recurrente cuando hablamos de la creatividad es cuando señalan: Yo no soy una persona creativa. Esta es la gran mentira que se han comprado con el tiempo, puesto que si no fuera creativa no podría ni ponerse la ropa todos los días.

En cualquiera hay una chispa de creatividad que solo necesita como base los leños del aprendizaje de nuevas maneras de observar su propia vida para hacer una gran fogata de luz.

Nuestro lema: Si otros pueden, tú también puedes

El Dr. Héctor Salama impulsó sus mayores éxitos al darse cuenta que no se necesitaban milagros para alcanzar la abundancia financiera, sino la simple creencia de que si otros pudieron alcanzar la riqueza y la prosperidad, entonces él también podría lograrlo... y lo consiguió.

Te invitamos a que esta frase la hagas parte de tu rutina de vida. Dila constantemente cuando sientas que no tienes la capacidad o el poder y verás que con la repetición se convertirá en un hábito y esa costumbre será la creadora de una nueva y mejor realidad.

¿De qué sí depende ser un triunfador?

De tu autoconocimiento y de tu capacidad de romper tu estado de conformismo es cuando nace el poder para alcanzar metas más elevadas. Si escuchas dentro de ti y oyes una voz que te dice que no está satisfecha con la vida que llevas, cobra importancia lo que Jacques Lacan[2] decía: "Los seres humanos somos seres de la falta".

Creemos que la necesidad de siempre tener y dar más es parte natural de nuestra esencia como seres humanos, ya que nosotros estamos por encima de las leyes naturales que gobiernan las mentes inferiores. Al nosotros no tener un propósito definido por la naturaleza, siempre buscaremos el desarrollo de nuestras capacidades hasta el punto en donde decidamos detenernos.

¿Por qué no podrías ser un triunfador?

"Puede más un tonto con un plan que un genio sin metas". Warren Buffet

Tómate unos minutos y analiza por qué, en específico tú, no podrías lograr el éxito. Si te tomaste el tiempo para pensarlo es seguro que

---

[2] Psicoanalista francés

dentro de ti sentiste un malestar, todo tu ser se movió con esta frase.

Tu más alto sentido de la abundancia financiera se retuerce ante la idea de escasez. Somos seres potentes, solo necesitamos recordarlo y ponerlo en acción.

Una de las realidades que más nos sorprenden en nuestro estudio de la abundancia financiera es el cómo depende todo de tu pensamiento y acciones. Puesto que, si dependiera de la zona geográfica, en ciertos lugares habría solo gente abundante y en otros no. La realidad es que no importa en dónde te encuentres en nuestro planeta, siempre hay alguien en alguna zona que tiene abundancia de lo que desea y otros que no la tienen.

La opulencia tampoco depende de tu inteligencia (ayuda bastante), puesto que hay gente que no es muy capaz y tiene riqueza porque logró cumplir con sus sueños, y hay personas que nos superan intelectualmente y no tienen fortuna porque tienen la creencia de que no la necesitan o que no la merecen.

No depende de tu familia fracasar o triunfar (al menos no al cien por ciento), puesto que hay personas sumamente exitosas que nacieron en familias con escasez y gente de familias con mucho dinero y que ahora están en la ruina. No depende de tu género o raza, la abundancia, como la enfermedad, no respeta ideologías, simplemente aflorará para quien decida obtenerla.

La importancia de la lectura afín a tu propósito

Cuando tienes claro el camino, leer o enfocar tu atención en cualquier asunto, objetivo o situación que no sea hacia donde deseas ir, es un distractor. La importancia de la lectura afín a tus propósitos está completamente relacionada en cómo enfocas o prestas atención a lo que realmente te importa.

Es bien sabido en psicología que donde la atención se enfoca, la situación se agranda. Por lo que, mientras más eduques a tu mente a estar enfocada y en seguir adquiriendo más información similar a la que estás orientado, será mucho más sencillo que todos tus sentidos estén dirigidos hacia la meta que te has impuesto.

Para establecer una guía de vida se requiere el contacto pleno con personas significativas que proyecten su propio plan. Se le nombra como identificación proyectiva. Esta guía sirve para que la persona sea congruente entre lo que piensa y lo que quiere conseguir.

En un sentido más trascendental y profundo, el propósito de cada ser humano es aquel que le da sentido a su existencia, que responde a las preguntas del por qué y del para qué estoy en esta vida. Interrogantes que no esperan una respuesta precisa, sino que funcionan como motor para continuar avanzando.

Hay una necesidad interior que es inherente a la persona que la lleva a reflexionar sobre el sentido de la vida, un vacío interno que se relaciona con encontrarle un propósito, un significado, una razón para vivir, es decir, tener un proyecto de futuro.

Los sueños que teníamos de pequeños

Nuestros propósitos están basados en las aspiraciones que tuvimos en nuestra niñez y estos fueron aprendidos de los adultos con los que convivíamos. A veces son producto de la necesidad de resolver situaciones que detienen nuestro desarrollo y en otras ocasiones son bloqueos que les hemos aprendidos a nuestras personas significativas. Lo mejor es cuando hemos tenido ejemplos de individuos exitosos a los que nos agrada imitar.

Tyler Joseph, el cantante de *21 Pilots*, dijo en una entrevista: "El principio del propósito se encuentra en crear algo que solo tú entiendas". Cuando eras más pequeño vivías fantasías que únicamente tú comprendías, tenías sueños increíbles, llenos de aventuras en donde tú siempre eras el protagonista. En algún momento del proceso de tu desarrollo algo cambió y pusiste a la estrella de tu vida a un lado para darle más roles a los actores emergentes.

Postergar siempre viene acompañado de una creencia negativa. Esta casi siempre es el miedo al éxito. ¿Por qué a la victoria y no al fracaso? Porque cuando postergas, el fracaso es natural y no se necesita de mucho para acceder a ello. Sin embargo, cuando se tiene éxito, inmediatamente se adquieren responsabilidades que tal vez no desees o inconscientemente no las quieras, y por eso es mucho más sencillo dejar algo para después, pero eso sí, con la ilusión de que un día lo lograrás.

El cambio es transformación

Cualquier ser vivo es único y necesita diferenciarse para sobrevivir, por ello requiere adaptarse a los cambios. Quien no se adapta no sobrevive, es una autoagresión.

Todos conocemos las historias de grandes empresas que por no adaptarse a los nuevos tiempos se fueron a la quiebra. Como por ejemplo, Kodak o Blockbuster, por nombrar algunas. Ambas compañías tuvieron la oportunidad de adaptarse al mercado y seguir en su desarrollo de éxito, sin embargo, se aferraron a sus viejas ideas y hoy ya no tienen el poder o tal vez ni siquiera existen.

Los seres humanos tenemos la capacidad de adaptarnos a casi todo. Aquí yace la agonía de nuestra especie. Como podemos sobrevivir de las maneras más ingeniosas, no significa que todo a lo que nos adaptemos esté diseñado o pensado para nuestro bien.

Constantemente enseñamos a nuestros alumnos a adaptarse cuando su plan de vida es más grande que sus circunstancias. Muchas veces no puedes vivir como deseas y debes renunciar a ciertas comodidades o placeres para alcanzar un nivel más alto al seguir tu plan.

Tipología Humana de Salama (Breve resumen)

- Evolución: desde la bacteria hasta el Homo sapiens. La primera bacteria es el resultado de la unión de un aminoácido y una proteína. A partir del primer elemento vivo en nuestro planeta se repiten los elementos básicos de la supervivencia alojados en nuestro cerebro reptiliano, después con la evolución se desarrolló el cerebro mamífero y con la aparición del Homo sapiens continuó la evolución con la neocorteza o cerebro actual
- Prefrontal: núcleo cognitivo volitivo. Se encuentra en el lugar que en India llaman el tercer ojo
- El Ciclo Gestalt de Salama es el circuito que recorre la energía de la necesidad emergente para la satisfacción total de dicho requisito. Este circuito fue desarrollado por los conductistas y le llamaron ciclo de la satisfacción de una necesidad
- El Yo y el No Yo: estos elementos mentales se oponen y la salud mental y emocional estará en función de cuál de los dos triunfa. Ambos son conductas producto de las creencias que habitan en las neuronas de nuestro cerebro
- El No Yo se nutre de los mensajes negativos que le son dirigidos a la niñez por parte de sus adultos significativos. Ejemplos negativos que se alojan en el No Yo son las palabras que recibe un infante de sus mayores, como por ejemplo: No sirves para nada. Eres un bruto. Nunca haces las cosas bien, etcétera. Lo que recibe la infancia son agresiones verbales con gestos de odio y desprecio
- Contrariamente al No Yo, el Yo se nutre de las palabras amorosas que le dicen sus mayores y son acompañadas con caricias y besos
- El bloqueo en la mente lo crea el No Yo y es inconsciente. La voluntad está expuesta al No Yo y al Yo, y dependerá de la

salud mental quién de los dos triunfe. De este resultado emergerá la salud mental o la neurosis

- La voluntad es consciente y debería obedecer al Yo como su amo
- El interés es excitativo y la atención es hija de la alerta. Esta es un elemento de la supervivencia
- La necesidad que surge depende de la energía para ser satisfecha. Un requerimiento insatisfecho puede llevar al ser humano a la muerte

Sistema reticular activado

Un día apareció una película conocida como *El secreto* que acaparó los cines con personas que tenían la necesidad de conocer cómo hacer que sus vidas mejoraran de una manera más rápida (porque la psicoterapia es efectiva pero lenta) y posiblemente mágica. Ergo, aparece esta cinta y algunas otras afines.

Al final todos andaban frustrados porque sus mentes no lanzaron magia o energía atómica para poder conseguir exactamente todo lo que se propusieron, y algunos, si no es que la gran mayoría, se rindieron.

Nosotros no nos conformamos con solo palabras y experiencias personales. Lo que buscamos es que la ciencia le dé soporte a este tipo de declaraciones que se comentan.

- ¿Es verdad que si solo pienso en algo, entonces lo atraigo?
- ¿Es cierto que si algo me da miedo también lo atraigo?
- ¿Y qué diablos significa atraer algo?
- ¿Con qué lo jalo?
- ¿Magnetismo?

Todas estas dudas nos surgieron porque de ser cierto que con solo pensar se podía atraer la suerte, ya sea mala o buena, entonces por qué no hay más gente que se ha ganado la lotería.

La respuesta a todo esto la encontramos en nuestro Sistema Reticular Activado (SRA).

El SRA es un filtro que todo cerebro humano posee para no fundirse con toda la información que recibe a través de nuestros sentidos. Con el SRA podemos guiar la atención de manera consciente al inicio, e inconsciente cuando ya haya sido completamente entrenado.

Este sistema es importante porque gobierna los sentidos y por lo mismo podemos enfocar toda nuestra energía en observar o percibir las oportunidades que necesitamos para alcanzar el éxito. Por ejemplo: un día decides comprar un coche azul porque te habías percatado que nadie tenía ese color. La mayoría de las personas en tu zona tenían otros colores y por lo mismo elegiste algo diferente.

Cuando por fin compras tu auto y es del color azul que habías elegido, te das cuenta que hay muchísimos automóviles con ese específico color. ¿Qué ocurrió?, porque la respuesta de que todos decidieron comprar un coche del mismo color que el tuyo en el mismo mes que tú no es factible. Lo que sí es posible es que por fin tu SRA fue entrenado para ver solo lo que tú querías y de pronto la atención se fijó aún más en encontrar el color azul en otros autos.

Piensa en el poder que esto representa cuando se trata de obtener oportunidades de éxito o de ventas, o simplemente en el amor. Poder guiar toda la energía de nuestra mente para que todos los sentidos se dispongan a concentrar toda la atención para tu propósito se convierte en un sistema muy poderoso.

Visión unidireccional. Atraes lo que deseas

Cuando tienes control de tu SRA, la energía neuronal se tendrá que acelerar y por lo mismo el cerebro invertirá más energía y neuronas a esa área que estás desarrollando con tu atención, creando nuevas interconexiones neuronales. Esto se traduce a: en lo que te enfocas lo atraes.

Cuando una persona constantemente cree que se va a accidentar, lo más común es que se confirme su creencia en un transcurso de no más de tres meses. El cerebro trabaja como un genio de la lámpara maravillosa. Lo que le pidas te lo dará, solo requiere tiempo para generar todas las bases y formas de desarrollar el cómo lo va a hacer. Cuando te enfocas en lo que sí quieres lo obtendrás.

Si te enfocas en lo que no quieres, lo atraerás, aunque esperamos que no desees eso. Toda tu energía, tus sentidos y tus capacidades se ajustan para hacer realidad tu sueño. También es por eso que admiramos a las personas que salen de la adversidad, pero no siempre vemos cómo fue que lo lograron.

La necesidad despierta a la atención y este al interés, además dispara la energía para la resolución total de dicho requerimiento. La voluntad es un disparador de fuerza que impulsa a la acción, esto puede ser positivo o negativo según el fin al que se dirige.

Las necesidades que deben ser satisfechas

- *Respirar y alimentarse*

  Respirar no solo sirve para mantener al cuerpo con vida, sino que también es lo que genera energía de los alimentos y reduce el estrés y las contracciones musculares, por lo que saber respirar es la clave para una salud envidiable. Comer, por otro lado, es clave en la calidad de vida que quieras llevar. Dime qué comes y te diré qué vida tendrás es una de las frases que más te conviene meter en tu caja de creencias porque al final el alimento que ingieras te dará la energía que requieres. ¿A poco a un Ferrari le pondrías diésel?

- *Adaptarse al medio y sobrevivir*

Si quieres ser parte del entorno tienes que parecer del medio. Si pretendes cambiarlo, entonces debes de cambiarte primero a ti. En una ocasión uno de nuestros alumnos nos comentó que sabía que dentro del mundo de los negocios los trajes eran importantes, pero para él no eran de su agrado, incluso los detestaba, no se sentía cómodo al usarlos.

Si deseas entrar al mundo empresarial te debes de adaptar a la manera de vestir de dicho lugar, pero eso no significa que dejes de ser tú. Siempre hay que tener claro que adaptarse no es transformarse. No todos los hombres o mujeres de éxito se visten como el mundo de los negocios lo exige, pero primero se adaptaron y alcanzaron sus metas, y después hicieron lo que quisieron.

- *Defenderse y atacar*

  Cada ser vivo requiere existir el mayor tiempo posible, por lo que cualquier cosa que lo amenace tendrá que enfrentarla con las armas que posea.

- *Socializar. Propagar y conservar la especie*

  Somos animales gregarios, necesitamos siempre del otro para poder sobrevivir y para también lograr mantenernos cuerdos.

  Socializar no es aprendido sino que es parte de nuestro ADN. Sabemos hacerlo desde pequeños, y lo interesante es que nos vamos haciendo torpes debido a las creencias que nos hemos tragado sin digerir sobre nuestra valía o importancia. Esto en realidad es producto de un Yo débil por tener un No Yo fuerte.

- *Darse cuenta de sí mismo y del medio que le rodea (Percibir)*

Estar alerta es activar conscientemente el SRA. De ahí la importancia de entrenarlo como nosotros deseamos y no cómo se le venga en gana a la cultura o a la sociedad.

- *Distinguir lo que es útil de lo que no lo es*

Si tu deseo es hacer crecer esta característica única que tenemos inherente los seres humanos, entonces tienes que aprender a leer correctamente. La lectura es la única manera en la que el analizar se desarrolla de forma exponencial.

Puedes arriesgarte a experimentar sin conocer y sin leer, pero no te asegura tu crecimiento personal. Cuando los seres humanos aprendemos a asimilar el conocimiento de otros (lectura, diálogos escuela), entonces podemos transformarnos sin arriesgar nuestra existencia.

- *Retener lo anterior (Memoria)*

Es necesario para saber en qué campo nos estamos adentrando. Es muy importante conocer lo que aparece como algo nuevo o no conocido para sacar conclusiones inteligentes y poder así concentrarnos en la novedad e incorporarla. Nuestra memoria es una colección de datos muy importante, ya que nos sirve para adaptarnos a lo nuevo. De nuestro pasado retenido en nuestra memoria podemos descifrar lo novedoso o por lo menos saber si será peligroso o no.

- *Actuar en consecuencia (Acción)*

La actividad es el resultado de poner en movimiento nuestros pensamientos. Ante la novedad podemos angustiarnos si la creemos peligrosa o emocionarnos al tener la consciencia que ello nos deparará algo muy importante a nuestra forma de vivir.

Postergación

El miedo o el fracaso ante el éxito es debido a la convicción por aprendizaje de que no lo merecemos o por creer que no tenemos la capacidad de lograrlo. Dejar las cosas para después es la típica respuesta que se tiene por ser temerosos de dar el paso hacia el triunfo.

Quienes postergan una oportunidad de estar mejor son quienes fueron educados en el temor a lo nuevo. Son quejosos, mentirosos, falsos en su proceder y están enojados por su estancamiento y por tener un pensamiento de pobre, aunque no lo fueran. El refrán más adecuado para estas personas es: "Deja para mañana lo que pudieras hacer pasado mañana", en vez de este proverbio que dice: "No dejes para mañana lo que pudieras hacer hoy".

Cuando observas a los niños y niñas te das cuenta que en sus mentes en pleno desarrollo no existe el miedo a no obtener algo. Todo lo contrario, creen que todo les pertenece y harán lo posible para hacer sus deseos realidad. Son atrevidos/as.

Posponer solo es sano si hay una mejor razón para dejar algo para después. Lo interesante se presenta cuando creemos que sí tenemos algo mejor que hacer y no priorizamos lo que sí suma en nuestra vida y que solo nos hace parecer productivos.

No es lo mismo ser productivo cuando puedes pasar toda una mañana escribiendo correos electrónicos y no ofrecer nada más a tu empresa o a tu vida en general. Sí, trabajaste y mucho, pero a dónde te llevó. Y no es que estemos diciendo que no contestes tus correos o mensajes, te estamos invitando a priorizar y poner en orden de importancia lo que sí suma a tu vida de lo que solo parece pero que al final no contribuye.

Tu cerebro puede ser utilizado como tu peor enemigo o tu mejor aliado, y dependerá de la elección que más te convenga y la acción correspondiente que realices

Como una parte de nuestra mente es consciente, siempre tenemos la opción de tomar el control de lo que nos disguste. El Dr. Kahneman en su libro *Piensa lento, piensa rápido* nos explica de una manera muy sencilla los dos cerebros que trabajan conscientemente para nuestra vida diaria.

Uno conocido como el sistema 1 es automático y tiene muchos programas y creencias que se aplican solas sin mucha necesidad de atención. Pero cuando se requiere de análisis o de una atención aún más específica, entonces se usa el sistema 2, que es el analítico.

Lo interesante de este estudio es que cuando repetimos muchas veces alguna acción con el sistema 2, el sistema 1 lo absorbe y lo hace parte de sus nuevas herramientas, de esa manera disminuye la energía del sistema 2.

Como mencionamos anteriormente, el SRA es parte de tu mente y el encargado de cómo se filtra la información dentro de tu mundo interno. Si nos hemos creído la idea de que el planeta es hostil y terrible, entonces caeremos en desgracias que no entenderemos porque -siempre nos ocurrirán-. Pero si nos aliamos a nuestra mente y le ingresamos creencias positivas y llenas de luz, lo más seguro es que nuestra mente se convierta en nuestra mejor aliada.

El Yo y el No Yo desde el punto de vista del Dr. Héctor Salama

El Yo está representado por un grupo neuronal con memoria específica igual que el No Yo. La diferencia es que el Yo es el representante de sí mismo y tiene la cualidad de nunca atacarse a sí mismo, mientras que el No Yo está constituido por mensajes negativos y opuestos al Yo, y puede lastimar al organismo en general (somatizaciones).

Los grupos neuronales se van interconectando con otros conjuntos similares creando nuevas carpetas que se convierten en archivos de una innumerable biblioteca de conocimientos.
Si estas agrupaciones neuronales son el resultado de los bloqueos crónicos, la persona disminuye sus posibilidades de ser feliz, en cambio, si son recientes o superficiales, el individuo puede lograr cambios significativos rápidamente.

Todo organismo presenta necesidades específicas para su preservación y desarrollo. Si se hace consciente el bloqueo, el Yo toma el poder y permite que la energía fluya libremente y se satisfaga plenamente la necesidad emergente. A veces el Yo interrumpe la energía de modo temporal por conveniencia.

La neurosis se caracteriza por confundir en el individuo la jerarquía de las necesidades a resolver y continúa repitiendo una conducta no adaptativa que no le hace feliz y no sabe cómo solucionar.

Poder con acción

El poderío se demuestra en la acción. Su objetivo es asumir una posición de privilegio ante quienes se sienten inferiores pero que al mismo tiempo necesitan ser apoyados en su diario devenir.

Imponer un pensamiento por poder puede llevar a la persona a cometer errores inimaginables, por eso se requiere salud mental para ejercer el poderío y no convertirse en un tirano, es decir, en un niño omnipotente y caprichoso que carece de sentido común siendo un adulto.

Recipiente del poder

Denominamos así a nuestro cerebro y lo que contiene. El poder está implícito en cualquier ser vivo. El saber utilizarlo sirve para la supervivencia y para lograr el éxito. La adaptación al medio requiere confianza. La carga genética nos enseña a sobrevivir y a triunfar en nuestras necesidades básicas.

A veces en la interdependencia que tenemos con otros seres vivos podemos sentirnos limitados y requerimos vencer o adaptarnos al medio.

La sabiduría adquirida por experiencia nos permite elegir el dónde, el cómo, el qué, el con quién y el cuándo utilizar nuestro poder. Errar en cualquiera de lo anterior puede llevarnos a nuestra destrucción. La decisión más adecuada debe definirse en nuestro sentido común.

Asumir el poder

Esto dependerá de quién nos lo ofrece o de cómo lo hemos logrado. Biológicamente todo ser vivo viene dotado de la capacidad de utilizar su poder para sobrevivir. Delegarlo por conveniencia y otorgar nuestro poder a otra persona nos permite seguir vivos y no perder nuestro trabajo o nuestra posición de poderío ante un grupo.

La confianza en sí mismo, el conocimiento obtenido por experiencia y la creencia de que se puede lograr lo que se desea, es vital para ser un triunfador. Quien logra controlar su poder demuestra su amor, su sabiduría y su autocontrol.

Liberación

Esto ocurre cuando se logra el autocontrol de sí mismo y se puede decidir qué hacer con los recuerdos del pasado que entremezclados con el presente le impiden tomar riesgos. Es cuando se toma la decisión de eliminar de su historia aquellas situaciones desafortunadas que han dado como resultado a un ser humano temeroso que deja de tener control sobre su conducta. Es un momento maravilloso en el que hay una liberación de pensamientos negativos que se traen como una carga desde la niñez y se asume que se tiene el derecho de ser una persona triunfadora.

Creencias: barreras o impulsores al éxito

Cuando crecemos nuestro cerebro va guardando todo lo que ve y oye, para ello debe contener emociones tanto positivas como negativas.

Así se va desarrollando el Yo y también el No Yo que no son más que conjuntos de grupos neuronales con memoria específica que en un caso guardan información positiva y en otro la información que contiene es negativa.

Ejemplo de creencia en el Yo: si te decían que eras un genio lo creías y justificabas esa convicción haciendo algo creativo o expresando ideas creativas.

Ejemplo de convicción en el No Yo: cuando te decían que eras un tonto lo creías y actuabas conforme a ello, es decir, hacías o decías tonterías.

En ambos casos no eras consciente de tu conducta hasta que te lo hacían consciente. Por este motivo todas tus creencias dependen de la educación previa que hayas tenido.

Las relaciones que vayas generando en la vida pueden modificar las convicciones que tienes y puedes optar por las que más convienen a tu Yo.

Las emociones básicas que los seres humanos tenemos

- Vergüenza: es la turbación del ánimo que se produce por una falta cometida o por alguna acción humillante y deshonrosa
- Culpa: es una vivencia psicológica que surge a consecuencia de una acción que causa un daño que no se deseaba
- Amor: es un sentimiento de afecto universal que se tiene hacia una persona, animal o cosa
- Alegría: es la emoción o el sentimiento que se experimenta cuando algo provoca felicidad o júbilo
- Miedo: es una emoción caracterizada por una intensa sensación desagradable provocada por la percepción de un peligro, real o supuesto, presente o imaginado
- Tristeza: es un estado de ánimo afectivo de contenido negativo donde la persona siente abatimiento, deseos de llorar (expresado o no) y baja autoestima
- Enojo: es una alteración anímica que genera irritación, rabia y/o afán de revancha o venganza. La palabra puede utilizarse como sinónimo de enfado

Ejemplo a seguir

La importancia de tener un modelo claro para así acortar el camino al éxito. Seguramente existe alguna persona que admiremos y ella puede servirnos como modelo para ser triunfadores.

Una gran recomendación que tenemos para ti es que cuando busques un ejemplo a imitar no intentes seguir sus pasos en el momento en el que se encuentra en la actualidad, ya que de esa manera no podrás aprender. Lo que sí te va a funcionar es que analices o preguntes qué hizo o cómo lo realizó para salir de un problema similar en el que te puedes encontrar actualmente.

Debido a que hoy todos estamos conectados de alguna manera, poder hablar con un mentor se hace una tarea sencilla. Conocer cómo las personas que admiras pudieron salir de aprietos es una de las herramientas y conocimientos más valiosos que existen en la actualidad.

Dificultades para cambiar de la pobreza a la riqueza

El principal enemigo vive dentro de nosotros y se llama No Yo. Su objetivo es destruir al Yo, es decir, a la persona. Luchar contra este enemigo mortal suele ser muy difícil dado que por sus mañas se hace pasar por el verdadero Yo sin serlo.

Se requiere de una voluntad muy férrea para combatirlo y la mejor manera es descubrirlo a tiempo y poner al Yo en su lugar. Aunque es una tarea difícil sabemos que no es imposible. Descubrir sus mensajes es el primer paso para defendernos de su poder.

Es una creencia aprendida desde la niñez a través de mensajes negativos como por ejemplo: Eres tonto, eres un burro, cállate la boca, no opines si no sabes, deja de preguntar, etcétera.
Trata de buscar a personas sabias y comienza a destruir esa comunicación sustituyéndola por creencias positivas.

La ignorancia sociocultural es aprendida en la convivencia desde la niñez por falta de una educación a favor de los valores éticos: honestidad, responsabilidad, respeto y amor a sí mismo y al prójimo.

Sabemos que la niñez aprende lo que vive, por eso es tan importante la actuación de las figuras parentales. Un niño que ha pasado hambre no tiene energía para estudiar. Se han creado fundaciones que apoyan a la infancia desprotegida, sugiero apoyarlas.

<u>El miedo al cambio y a tomar riesgos.</u> Esto lo aprende un niño observando la conducta de sus mayores. La frase básica que utilizan es: No te muevas, acá estás seguro. Tomar un riesgo impulsivo puede ser peligroso si no hubo estudios previos que permitieran

hacerlo adecuadamente. La acción es exitosa cuando el objetivo a alcanzar resulta ser el adecuado a un deseo de seguir la senda del triunfo.

<u>El temor al rechazo de su familia o de su vida social.</u> Cuántas veces hemos oído en sesiones que una persona tiene la posibilidad de ampliar sus horizontes económicos y los desecha para no ser rechazada por sus seres queridos. Este individuo se sentirá frustrado si no es capaz de confiar en sí mismo, independientemente de lo que opinen otras personas, se hundirá en la mediocridad en la que siempre ha navegado.

<u>Ausencia de modelos de éxito.</u> Los niños que carecieron de padres triunfadores tienden a repetir la misma conducta que luego, al crecer, seguirán difundiéndola a sus hijos y así generación tras generación continuarán con la tradición de seguir siendo -pobres pero honrados-. En la sociedad se puede también ser rico y honrado, o pobre y deshonesto. Se dice que hay de todo en la viña del Señor.

<u>Conformismo con su vida actual.</u> La resignación social es producto de repetir la conducta del miedo a crecer y triunfar. Se alimenta de la envidia y del miedo a dejar de ser lo que siempre se fue. Existe también en las fantasías de las personas la idea de que "nunca" podrían mejorar su condición socioeconómica. Esta mentira es muy difícil de erradicar, ya que la costumbre es demasiado fuerte y creen que un cambio podría ser peligroso o inalcanzable. Por eso continuarán con modelos repetitivos de conductas no exitosas.

<u>Dejar las cosas para después.</u> Recuerdo que de adolescente le pregunté a mi mamá por qué no teníamos un auto como mi primo y me contestó: Porque nosotros no podemos, cuando seas grande podrás hacer lo que quieras, y lo acepté porque no había otra opción más que seguir con mi bicicleta usada, pero en mi cabeza estaba formando la idea de ser rico y comprarme mi propio auto.

Abandonar el miedo al triunfo y tener energía y valor para iniciar un cambio. Al ÉXITO, así con mayúsculas, dejé de tenerle miedo cuando me atreví a saltar de la plataforma de clavados la primera vez. El profesor me dijo que hiciera lo que fácilmente hacía desde el trampolín de tres metros. Obviamente cuando vi para abajo desde los diez metros sentí algo raro en mi pancita, entre miedo y deseo. Mi maestro me dijo: Allí abajo hay tres muchachitas guapas que te están mirando. Bueno, con eso me bastó para hacer mi primer clavado de altura en posición A hacia adelante, le decíamos hacer una paloma. Tengo la foto conmigo.

Filosofía de los pobres:

Estudia para que seas alguien.
Consigue un buen trabajo y compra tus cositas.
Ahorra para el tiempo de las vacas flacas.
No arriesgues tu dinero, es mejor ir a lo seguro.

Filosofía de los ricos:

Sueña en grande, sé ambicioso.
No busques empleo, busca negocios.
Ahorra para invertir. Sin inversión no hay riqueza.
El que no arriesga no gana.

CAPÍTULO 2

"No dejes que los que no sueñan te hagan dudar". Albert Einstein

Es importante estar consciente del estado de ánimo y del pensamiento.

La consciencia es la base del éxito en cualquier proceso de desarrollo personal. Sin estar consciente te mantienes como un autómata, haciendo y consumiendo todo lo que te han enseñado.

Nuestro trabajo como psicoterapeutas y entrenadores es romper con esa automatización mencionada anteriormente, ya que proviene de la educación mediocre que nos ha entrenado a ser empleados. Sin embargo, el trabajo más fuerte es el que tendrás que hacer tú como persona consciente. Esto es traer a la luz todo pensamiento y conducta que te ha mantenido en la mediocridad y ha opacado tu capacidad de explotar el potencial que reside dentro de ti.

Es necesario abandonar viejas creencias ajenas a tu Yo y permitir que las nuevas que aprendas o descubras sean las que iluminen tu camino al éxito financiero.

Tu estado de ánimo es solo eso, un estado, un momento, y al tener consciencia del mismo obtendrás control y poder. Cuando logras estar en control de tu estado de ánimo consigues mantenerte en un estado placentero, y si no es así hay que salir de ese estado y entrar en el que tú decidas.

Esta es la verdadera importancia de la consciencia. Si te encuentras en un estado de depresión, tristeza, enojo, frustración o cualquier emoción displacentera que no te ayude a cumplir un objetivo, entonces con el poder de tu consciencia puedes salir de ese estado y entrar en uno mucho más placentero y que además te sirva para conseguir lo que deseas en la vida.

Recuerda: nadie tiene el poder sobre ti más que tú mismo.
Hablemos ahora de tu No Yo o demonio interior. Este proceso
mental que está ahí para mantenerte en la mediocridad desde tu
inconsciente.

La importancia de estar consciente de tus pensamientos está
enfocada en poder tener control de lo que el No Yo planea hacer o
está haciendo dentro de tu vida de manera negativa.
¿Cuántas veces has querido empezar un nuevo proyecto y una voz
dentro de ti te comienza a desmotivar? ¿En cuántas ocasiones
cuando algo no sale como tú quisieras esa misma voz te dice que
para qué te esfuerzas?

Cuando pones atención a estos pensamientos adquieres el poder de
controlar las acciones de tu demonio interior. Es esta una de las
mejores técnicas que puedes desarrollar para así evitar los
accidentes o los errores que pueden ser prevenidos. Para alcanzar
este nivel de consciencia es muy importante que aprendas a
meditar y tomarte el tiempo de hacer introspección sobre las
motivaciones que pueden estar detrás de tus acciones y decisiones.

Mundo exterior vs. mundo interior

Saber distinguir lo real de lo imaginado es una opción que puede
servir para utilizar los recursos con los que contamos de manera
inteligente.

Tenemos la facultad de crear aunque haya mucha gente que se
conforma con lo que han creado personas en el pasado. Nuestra
imaginación es maravillosa y no tiene límites. Observen en los niños
la enorme capacidad que tienen de crear mundos fantásticos y
pareciera que con la madurez esos mundos desaparecieran.

Creemos que siguen existiendo vestigios de creatividad esperando a ser estimulados a través de la persistencia y de poner en claro los objetivos que te hayas trazado para triunfar.

Diferenciar nuestro mundo interior del mundo que nos rodea nos puede dar idea de lo que existe en nuestra fantasía y lo que otros han creado en la realidad. Para ello se requiere que pongas en claro qué es lo que deseas alcanzar desde tus sueños, contando con los recursos necesarios para cumplir tu objetivo.

El mundo interior es el que crea la realidad que vemos exteriormente. Para ejemplificar mejor este punto tomemos la conquista de México. Cuando los españoles encontraron que América podía ser dominada y conquistada, los invasores de España no sabían a qué se enfrentarían en estas nuevas tierras, y por lo mismo las clases educadas y pudientes del país no decidieron emigrar.

Para esto los reyes de España usaron lo que tenían a la mano, o sea, reclutaron a los delincuentes y a los pobres que no tenían nada que perder si la conquista no salía correctamente o si morían en el trayecto.

A la ex Nueva España, hoy México, llegaron personas sin educación, con mentalidad de escasas ideas que vivían en la suciedad y las mazmorras en su país de origen. Obviamente el mundo que en sus mentes existía no era nada placentero y al llegar a la nueva tierra decidieron utilizar sus escasos mundos interiores para crear la nueva entidad territorial.

Cuando viajas por México y sus pueblos mágicos te podrás ir dando cuenta de lo que era la mente de los españoles que llegaron a nuestro continente. De ahí que si tú analizas el por qué en la mayoría de las naciones latinoamericanas hay tanta corrupción, te darás cuenta que es porque estamos imitando la mentalidad con la que se llegó a dominar este continente.

A diferencia de Estados Unidos, en donde los colonizadores que llegaron eran intelectuales que querían poder practicar libremente su religión; la mayoría estaban preparados y con una mentalidad muy distinta a la de los delincuentes que llegaron a América.

Creemos que ya puedes ir entendiendo la importancia de crear una mejor realidad interna, esta es la que te llevará a establecer la externa. Es tan poderosa esta idea que en nuestros entrenamientos es lo primero que trabajamos con los alumnos para prepararlos hacia su mejor versión.

A continuación te presentamos una lista en la que puedes distinguir las barreras que impiden tu desarrollo. ¿Cuáles son las tuyas?

Pensamientos negativos o limitantes

- Yo quiero tener el poder pero no me dejan
- Voy a suicidarme para que sufran
- Nadie me entiende
- No me hacen caso
- No me dejan ser lo que quiero
- No sé lo que deseo
- Algún día sabrán lo que se perdieron
- Nadie me valora
- Soy quejoso
- Todos están en contra de mí
- ¿Por qué me dicen que tengo que esperar?
- Nadie me hace caso
- Nadie me quiere ni me querrá

Este tipo de creencias asentadas en nuestro imaginario fueron aprendidas de las personas significativas de nuestra niñez y adolescencia, y si no se trabajan se convierten en pesadas anclas que nos impiden ser exitosos.

A pesar de ser pensamientos y palabras escritas en este libro, dentro de tu mente se convirtieron en programas que debes de cumplir para ser aceptado en tu familia o comunidad. Son planteamientos, eso es todo, y como solo son eso pueden ser desprogramados de tu mente y por lo tanto de tu vida. Pero solo hay un paso que no podemos dejar pasar.

Para poder desprogramarte debes incluir un nuevo programa en tu mente. El cerebro no permite que haya espacios en blanco. Es una computadora tan poderosa que siempre debe de estar conectada, de no tenerse un planteamiento correcto, entonces el cerebro tiene que reemplazar u ocupar ese espacio con algo.

Muchas veces, enfermedades psicológicas se dan debido a errores en los programas mentales que se ven reflejados como vacíos en los programas.

Elección: si quieres ser águila vuela alto y mira lejos, pero si eliges ser un gusano no te quejes cuando te pisen.

La pobreza o la riqueza se aprende y le llamamos identificación proyectiva con el fracaso

En la niñez aprendemos de nuestros mayores conductas negativas que a su vez ellos también asimilaron. El Dr. Lipton en su libro *Biología de las creencias* habla exactamente de este tema. Él menciona que las convicciones de pobreza y riqueza se aprenden de generación en generación creando un vínculo mental incluso genético.

Los niños, independientemente del género, aprenden lo que viven, y si en su entorno se vive en la ignorancia, en la pobreza de estímulos que impiden que se generen elementos creativos hacia el éxito por los miedos, culpas y castigos que reciben, el resultado es que poco a poco se va formado una personalidad adicta a los elementos que impiden el crecimiento sano (como las terribles adicciones) y se presenta a falta de fe por haberse anulado la esperanza.

Romper con estos códigos genéticos se convierte en un tema complicado pero necesario de resolver para evitar seguir heredando las creencias como si fueran una enfermedad genética.

Una posible solución sería que se utilizara una Identificación proyectiva hacia el éxito

Se define como la necesidad que tiene un individuo de hacer suya la conducta de personas que considera importantes para su desarrollo personal.

La niñez educada en el amor, la salud y la esperanza, expresada por una familia funcional y productiva, favorece la creatividad e incluye la imitación de ideas, de actitudes y de emociones positivas. Este es el mejor regalo que los seres humanos le pueden dar a su prole y de hecho a toda la civilización.

¿Tal vez tú no tuviste esta posibilidad? Si eres del noventa y tres por ciento de la población, lo más seguro es que te hayan educado con los valores y las creencias de una clase media o inferior. Esto no es una desventaja, es simplemente la vida y así deseamos que lo entiendas. La solución está en aprender a observar e imitar.

Los anglosajones tienen una frase que de aplicarse correctamente puede romper con los programas que no deseas en tu mente. La frase es *Fake it till you make it*, en español significa miente hasta que lo alcances o actúa hasta que lo logres.

Queremos darte un consejo, necesitas aprender a imitar y actuar como las personas de éxito y no como las mentirosas que aparecen en las redes sociales que dicen ser millonarias y solo son farsantes.

Una persona de éxito nunca:

1. Presume su dinero.
2. Compra autos deportivos para lucirlos.
3. Muestra fotos en un jet privado.
4. Sale con varias mujeres espectaculares.
5. Sale con distintos hombres atractivos.
6. Tira *champagne* por la ventana.
7. Vive mostrando relojes.
8. Se la vive de vacaciones.
9. Presume marcas.
10. Sigue modas.
11. Toma alcohol en exceso o se droga.
12. Es individualista.

Lo que se ve de un individuo exitoso es que:

1. Sigue estudiando y aprendiendo.
2. Hace ejercicio. Mente sana en cuerpo sano.
3. Se dedica a su sueños y no los abandona.
4. Es humilde pero no sometido.
5. Es más productivo porque maneja sus tiempos.
6. Es simple porque no se complica la vida.
7. Descansa y se mantiene creativo.
8. Sabe estar a solas y disfruta de su tiempo.
9. Trabaja en equipo pues sabe que así se nutre de más ideas.
10. Es perseverante.
11. Contrata a expertos en las áreas que no domina.

Por lo tanto, si deseas romper con la programación genética y ser parte del siete por ciento de la población exitosa, debes empezar a prepararte. Lo primero que hay que observar es que dejar de estudiar no es una opción. Te tienes que seguir preparando, aprendiendo e invirtiendo en tu desarrollo emocional. De no hacerlo tus probabilidades de tener éxito se reducen sustancialmente.

Sabemos que seguir estos pasos al inicio requiere de mucha energía y sobre todo de romper con creencias que pueden ponerte en contra del grupo de gente con el que te juntas. Esto es parte del desarrollo y del crecimiento. Podemos darte la metáfora de subir una montaña en lugar de un cerro. La diferencia es abismal pero el esfuerzo es el mismo. Para ascender una montaña o un cerro, el alcanzar la cima requiere que se de un paso a la vez. La diferencia está en la constancia.

Cuando tienes un buen modelo a seguir, nuestra sugerencia es que investigues de dónde viene esta persona a la que quieres imitar. No busques emularla en su éxito sino en su comienzo, en el mismo lugar a donde tú quieres iniciar. Si te confundes e intentas copiarla en su triunfo te perderás de todas las herramientas con las que lo alcanzó.

Te presentamos a continuación las creencias que el magnate John Rockefeller daba a cada uno de sus aprendices. Lee con atención y trata de descubrir de dónde viene cada una de estas convicciones.

Reglas para el éxito

1. Sé perseverante. Ten pasión.
2. Arriésgate a ir por la excelencia.
3. Haz que el dinero trabaje para ti.
4. Ten motivos que te apasionen.
5. Tus gastos te definen (El pobre gasta en pasivos, el rico invierte).
6. El fracaso te deja lecciones.
7. Toma tus propias decisiones.
8. Busca caminos alternativos, no hagas siempre lo mismo.
9. Quien trabaja todo el día no tiene tiempo de ganar dinero.

¿Cuál es tu opinión acerca de esas reglas?
Vamos ahora a explicar nuestra visión de cada una de ellas.

Primera regla: Sé perseverante. Ten pasión

Si observas esta regla se divide en dos partes. Aunque ser tenaz ya incluye la energía de la pasión, Rockefeller incluye el que tengas pasión. La razón, según nosotros, es que cualquier persona con una meta y perseverancia, aunada a su pasión, tendrá éxito. Y si le agregas tener el doble de entusiasmo, no solo estará basándose en lo que sigue como meta que le impulsa, sino que además vivirá la vida con mayor energía.

Las personas que alcanzan el éxito son seres magnéticos, su energía se contagia y generan un aura de autoridad por el simple hecho de cómo viven la vida. Nosotros no conocemos a ningún individuo que siendo exitoso o en el camino al triunfo, no esté dando más de su cien por ciento.

Dividiendo la regla en dos vamos a enfocarnos en cada una de sus partes.

Sé perseverante

La perseverancia se lee en el diccionario como: firmeza y constancia en la manera de ser o de obrar (Diccionario Oxford Larousse Editorial).

Algo así como tener un paso seguro hacia tu manera de actuar o en lo que crees.
Para nosotros la tenacidad es también una forma de vida. Es tener en la mente un objetivo y no permitir que nada ni nadie te arrastre lejos de tu meta. Es esta capacidad de ir hacia el frente a pesar de los obstáculos que puedan presentarse.

La constancia es la característica que hace que una persona de éxito con un gran sueño parezca loca, además de muchas veces simular que se ha adelantado en su tiempo con la idea, producto o servicio que comienza a desarrollar.

Tener pasión

Esto no solo incluye amar tu idea, sino que además tu objetivo sea tan deseado que tu vida se convierta en apasionante también. Cuando creas que tu propósito sea más grande que tú, entonces debes convertirte en el individuo que pueda alcanzar esa meta. Eso es tener verdadera pasión.

Las peores horas de la vida de una persona fueron las que haya pasado poniendo excusas porque algo no se puede lograr pensando en su edad o en el lugar en donde vive, etc. Excusas hay muchas, pero quienes se desarrollan por encima de cualquier obstáculo son pocos y es por eso que apasionarse es una regla obligada.

Segunda regla: Arriésgate a ir por la excelencia

De la mano de la pasión viene este precepto. La excelencia es una característica que tienen todos los proyectos de las personas de éxito.

Arriesgarse es sinónimo de aventarse al vacío y saber que ese salto de fe dará frutos maravillosos. Ya sea en un gran aprendizaje o en un triunfo merecido.

Te puedes caer. Esto es algo que hemos dicho y seguiremos diciendo a lo largo de todos nuestros entrenamientos. La excelencia no es sinónimo de perfección, es diametralmente opuesto. Es poner todo tu ser y tu pasión en lo que haces, si es bueno o perfecto eso lo deciden los demás, para ti debe ser excelente. Si no cumple con esta característica entonces no es labor del cumplimiento de un sueño. Si caes te levantas.

Cuando te arriesgas a ir por lo mejor que puedas dar de ti el riesgo es el aprendizaje de cómo hacerlo para llegar a tu sueño. Si lo alcanzas no hay problema, pero si lo buscas y no lo logras, la pasión te ayudará a levantarte y volverlo a intentar hasta alcanzar lo que deseas. Es como cuando un bebé comienza a caminar. Nosotros no conocemos a ningún ser humano con capacidades biológicas de caminar que en el primer intento fallido simplemente se haya dado por vencido. Darse por derrotado es una creencia que nos hemos tragado los seres humanos por habernos identificado con personas pesimistas que no creían en sí mismas.

La única manera de que un individuo exitoso no alcance su sueño es porque la vida no le dio una razón para hacerlo. Cuando te pones algo en mente y cabe dentro del sentido común, el único motivo por el que no podrías alcanzarlo es porque no quisiste.

Tercera regla: Haz que el dinero trabaje para ti

Esto es poner el dinero en inversiones y jamás en ahorro. Guardar tu dinero es una de las falsas creencias que te fueron vendidas para que otros se hagan ricos y usen tu dinero para invertir. No tiene nada que ver con crear un fondo de seguridad. Este, como las murallas de un antiguo imperio, solo hacía más complicado que un ejército pudiera entrar al reino.

Nosotros creemos que es importante que tengas un ahorro puesto en inversión que cubra por lo menos de tres a seis meses de tus gastos para cualquier eventualidad, es lo mismo que tener un seguro de vida y uno médico. Estas son protecciones que nunca están de más y siempre aportan una seguridad mental necesaria para poder lanzarte a cumplir con tus sueños.

Hacer que el dinero trabaje para ti, esto tiene mucho que ver con tu capacidad de hacer dinero mientras no estés presente, ya sea que estés trabajando o durmiendo. Los negocios en donde inviertes, las empresas con las que colaboras para su desarrollo, cualquier inversión o negocio que te genere dinero sin que tú estés presente trabajando es sinónimo de esta regla.

Muchas veces en nuestros entrenamientos los alumnos preguntan en qué recomendamos que inviertan su dinero y esto es uno de los errores más comunes que conocemos. No es lo que nosotros aconsejemos, es en lo que te apasione a ti. Ese es el verdadero reto que debes enfrentar.

Cuarta regla: Ten motivos que te apasionen

Esta norma parece un pleonasmo. Los motivos de la vida de por sí deberían ser considerados apasionantes, sin embargo, entendemos que, como la primera regla, debes ingresar mucha más energía a tu vida para que no solo sea un motivo sino una pasión. Tener razones que te apasionen es una característica común en las personas que nosotros estudiamos y que nosotros también tenemos.

Te hacemos la siguiente pregunta: ¿qué problema crees que puedas resolver tú? Cuando descubres soluciones que puedes dar a un problema o a varios, encuentras el motivo que te puede llevar a alcanzar el éxito.

Cuando te des cuenta que eres la única persona que puede solucionarlo de manera creativa, en otras palabras, cuando te percatas que eres única, entonces es cuando puedes despertar la pasión dentro de ti y así apasionarte en solucionar ese inconveniente.

En la medida que vamos creciendo tenemos más consciencia de lo que queremos y menos de lo que los demás quieren para nosotros. Paso a paso vamos desarrollando nuestra independencia y autonomía. Hay varios elementos que se conjugan para que vayas eligiendo lo que tú deseas para tu vida.

Primero hay que identificarnos con algún pariente que haya logrado éxito en su vida, después con los amigos con los que nos reunimos porque tenemos intereses comunes y con algún maestro significativo que hayamos tenido y nos haya visto cualidades que no teníamos conscientes. Lo importante es que hayamos elegido lo que nos apasione lo suficiente como para no dejarlo de lado.

Seguramente has dejado planes maravillosos, pero en algún momento del desarrollo de dicho proyecto te dejaste vencer por tu No Yo, o simplemente escuchaste a tu grupo con comentarios negativos y decidiste que mejor no perdías el tiempo en aquella solución. Es por esto y otras razones más que te invitamos a crear una nueva agrupación de personas que te mantengan motivado y apasionado en poder dar una solución creativa a las ideas que vayas produciendo.

Como ejemplo te podemos hablar del Máster en Abundancia Financiera. Este proyecto nos motiva y nos apasiona porque vemos dentro de la sociedad mexicana demasiado potencial dormido que requiere ser despertado.

Dentro del entrenamiento sabemos que siempre hay una solución a un problema que aqueje a la población de nuestro país y al mundo en general. Esa misma pasión nos estimuló para que podamos escribir estas líneas.

Sabemos que cada persona guarda dentro de sí el poder y la capacidad de resolver algún problema para sí mismo y para la humanidad. También sabemos que no importa tu edad, género, religión, condición financiera o raza, tú, por el simple hecho de estar vivo, tienes toda la capacidad para encontrar una solución a un contratiempo y así apasionarte por crear una nueva historia para nuestros semejantes.

Quinta regla: Tus gastos te definen (El pobre gasta en pasivos, el rico invierte)

La diferencia entre gasto e inversión es que el primero utiliza el dinero para comprar lo que no sirve para crecer, sino para resolver algo que no aporta como los vicios (fumar, alcoholizarse, jugar por dinero, compras por impulso, adquirir ofertas, etc.).

Muchas veces fuimos víctimas de la mercadotecnia que busca crear la necesidad (que no tienes) para que compres algo que tampoco necesitas. La realidad es que las personas ya no compramos lo que necesitamos sino lo que queremos. Y en el querer y necesitar está toda la diferencia. Como ejemplo te podemos decir que todos necesitamos alimentos pero deseamos comer comida rápida por su explosión de sabor y porque nos da más tiempo para seguir con nuestra rutina diaria. Todos necesitamos tomar agua pero deseamos que tenga sabor para así cumplir con un deseo, mas que con la necesidad de hidratarnos. Siguiendo esta misma línea, el control de estos deseos es la base del éxito.

¿Cómo controlar los impulsos?

El desarrollo de la espera y la paciencia no siempre fue implementado dentro de nuestros ámbitos familiares. Los países latinos no tenemos esta educación, todo lo contrario, estamos acostumbrados a la escasez, creemos que si no nos lanzamos o corremos para conseguir algo, simplemente no podremos obtenerlo. Esta enseñanza nos ha creado más problemas que soluciones.

Todos queremos entrar antes, comprar por adelantado, tener antes y si es necesario usaremos la violencia para conseguirlo. La necesidad de destacar o de obtener algo nuevo es lo que nos lleva a olvidar la capacidad de espera.

No es nuestra intención evitar el impulso, solo estamos poniendo un ejemplo de que si queremos obtener algo importante para nosotros, estudiemos perfectamente bien el cómo aplicarlo adecuadamente.

Quien invierte está constantemente alerta para ver las oportunidades de seguir creciendo, por ejemplo, tener conocimiento de la Bolsa de Valores, ver oportunidades de invertir el dinero en alguna franquicia, comprar propiedades en preventa, asociarse con empresas a las que se les ve futuro, etc. Por eso es muy importante estar constantemente atento a las oportunidades que sobresalen y seguir estudiando y leyendo acerca de las nuevas empresas de tecnología.

No importa si estás acostumbrado a gastar el dinero porque lo aprendiste de tu familia, lo que realmente te debe de interesar es crear una conducta nueva que te facilite tu propio crecimiento personal y así poder diferenciarte de tu pasado. Recuerda: gastar es lo opuesto a invertir.

No es necesario rechazar tu historia sino tenerla presente para que puedas comparar tus nuevos éxitos financieros con las antiguas conductas de quejas, conformismo y envidia.

La vida que has llevado no es un obstáculo, es todo lo contrario. Es la mejor oportunidad que puedes tener, ya que de esa experiencias puedes encontrar todos los problemas a los que les puedes dar solución. Cuando inviertes dinero en ti jamás lo estarás gastando.

La pregunta aquí entonces sería: cómo definir cuándo es inversión y cuándo es gasto. La respuesta está en tu desarrollo a largo plazo y no el corto. El aprendizaje que proponemos consiste en utilizar los recursos con los que cuentas e ir un poco más allá de los límites que has construido alrededor de ti.

El mundo presenta infinidad de casos de personas triunfadoras y de ellas podremos aprender lo que acepte nuestra experiencia y nuestro deseo de hacer algo que creíamos que estaba fuera de nuestra capacidad. Es saltar el cerco de nuestros límites y confiar plenamente en desarrollar aptitudes que ignorábamos que poseíamos.

Te presentamos nuestra lista de inversiones a largo plazo:

- La lectura
- Atender a seminarios y conferencias en las que estés interesado
- Talleres de desarrollo emocional, de interés personal
- Economía
- Finanzas
- *Networking*
- *Coaching* o *mentoring*
- Psicoterapia
- Desarrollo académico

También te damos nuestras sugerencias en lo que consideramos gastos:

- Cualquier cosa que sea rápida: comida, placer, inversiones sin pensarse y al azar
- Drogas, apuestas, alcohol o cualquier sustancia o conducta adictiva
- Tecnología que no sea considerada herramienta de trabajo
- Fumar
- Comprar ropa en exceso

Si antes de endeudarte o pagar algo te tomas un tiempo para considerar si es una inversión o un gasto, tendrás el control de tu vida financiera y estarás un paso más cerca de tu éxito personal.

Sexta regla: El fracaso te deja lecciones

Nuestra conducta se establece gracias a la imitación de nuestros mayores, y estar bien o mal sirve de aprendizaje.

Fracasar simplemente significa haberse equivocado en la elección de la resolución de una necesidad por desconocimiento.

El éxito no se mide por el resultado final de una acción, sino por todos los elementos que la constituían y por haber elegido los que realmente cumplían con la función básica de lograr el objetivo deseado.

Quien realmente fracasa es aquel que no ha intentado nada nuevo, se instaló en la costumbre de hacer siempre lo mismo y en quejarse o conformarse. El miedo a no hacer lo que se desea provoca estancamiento.

Nadie dice que es fácil triunfar, pero si no te atreves jamás sentirás la emoción de haberlo logrado en algo que tú mismo creaste.

Decisión viene de escindir que significa dividir. Cuando tomamos decisiones, lo que estamos haciendo es dividir nuestra historia y tomar un camino distinto.

Todos los seres humanos tenemos un final exacto. La muerte es la última estación y sin importar las determinaciones que tomes, todos, absolutamente todos, llegamos a ese lugar, unos antes y otros después.

La física cuántica tiene un apartado filosófico que nos habla acerca de las decisiones. Cuando te has creído la historia sobre el fracaso, que es mejor no intentarlo para así no perder, tienes que entender que no tomar una decisión es tomar una determinación y por lo tanto el no querer fracasar ya te está llevando al fracaso.

Regresando a la filosofía de la física cuántica. Esta teoría nos demuestra que dentro de las decisiones, todas la que tomes o dejes de tomar, serán una posibilidad que puede suceder o no.
Hoy tienes millones de determinaciones por tomar y cada una de ellas vive en tu universo interior. Conforme vas eligiendo cuál sí y cuál no, dichas decisiones van siendo desechadas y tus caminos modificados. Nuestra pregunta para ti es la siguiente: ¿quieres tomar tú las resoluciones de tu vida o prefieres que sean tomadas por otras personas?

Las personas de éxito se hacen responsables de sus elecciones y sin importar si son correctas o no, el aprendizaje que se genera por la toma de cada una de ellas es invaluable. Con cada fracaso o error de decisión que tomas o dejas de tomar, lo importante no es quedarse en el dolor de la equivocación, sino en la búsqueda intensa sobre el aprendizaje que se genera por dicha elección.

Séptima regla: Toma tus propias decisiones

Cuando somos niños creemos que el mundo está a nuestra disposición y hacemos berrinches cuando no cumplen con nuestros caprichos, a esto se le llama narcisismo primario. Esto significa que es algo natural en nuestro desarrollo aprender del fracaso de nuestros deseos infantiles para seguir creciendo y buscar.

Sin embargo, con el tiempo comenzamos a tomar decisiones de las que nos vamos dando cuenta que no fueron las mejores (aquel tatuaje que te hiciste a los dieciséis años, la ropa que elegías, los aretes en zonas de las que te arrepentiste después, entre otras acciones que solo tú conoces).

Las escuelas han cometido un terrible error dentro de nuestra sociedad al castigarnos cada vez que cometemos una equivocación, como cuando trabajamos en equipo en un examen (en las escuelas a eso le dicen copiar).

Con el tiempo vamos creyendo que no sabemos tomar decisiones y conforme seguimos creciendo nuestra seguridad para tomarlas va decreciendo. Tomar tus propias determinaciones es complicado y se requiere de mucho valor. Las personas de éxito toman mil decisiones malas por cada una correcta. No creas que existe gente que no se equivoca.

La razón por lo que las personas de éxito logran tomar más determinaciones correctas es por su capacidad de ir aprendiendo y sobre todo por la cantidad de información que recolectan de sus estudios, así como la de sus excelentes equipos de asesores.

Esta regla sigue siendo real, aunque para tomar dicha decisión lo hayas hecho basado en la gran cantidad de información que recabaste.

Para poder acertar más en cada uno de tus pasos al sueño que te has propuesto cumplir, primero debes incrementar tu amor propio, en otras palabras, a mayor autoestima mejores decisiones podrás tomar.

Las personas de éxito también basan sus elecciones en su instinto, sus corazonadas se convierten en la capacidad de usar todo el poder de su inconsciente para así elegir qué es lo mejor en el momento de realizar su plan.

Una vez que seas solo tú quien tome un plan de acción y lo pongas en marcha, atrévete a seguirlo a pesar de lo que te puedan decir las personas que no son parte de tu equipo. Confía solo en tu grupo, son las únicas personas que saben a dónde estás llevando el barco.

El universo, Dios o como tú lo llames, premia a las personas perseverantes que se atreven a seguir un solo curso a pesar de las inclemencias que puedan encontrar en el camino. Si tu corazón o tu instinto y la información con la que cuentas dictan que la decisión que estás a punto de tomar es la mejor que hay, confía en ti y ve por tu sueño.

Octava regla: Busca caminos alternativos, no hagas siempre lo mismo

Nuestra mente tiene la pequeña y terrible manía de hacer rutina de cualquier circunstancia. Ya sea que nos vaya bien o mal, a cualquier situación nos podemos acostumbrar. Tal vez ahora pienses que, si te está yendo bien, cuál sería el problema de acostumbrarte a lo bueno. Aquí el problema surge cuando normalizas lo positivo. Los seres humanos nos alejamos de lo que nos duele o lastima y nos acercamos a lo que nos da placer. Esta es una ley biológica.

Cuando nos encontramos en una situación en donde no ocurre nada, ni bueno ni malo (*impasse*), nuestro No Yo (demonio interior) se encarga de crear la situación para que nos pongamos creativos; muchas veces al haber ocurrido un accidente, una enfermedad o al haber hecho una mala decisión. Como ves, nuestra necesidad como seres humanos está en la incertidumbre, en la capacidad de estar constantemente arreglando problemas y creando soluciones. Esta es una de las razones por las que nunca ves a una persona de éxito completamente aburrida. Siempre está creando algo nuevo.

Una persona como Elon Musk, que sigue generando millones de dólares, ya podría sentarse en su isla privada a tomar margaritas hasta morir de vejez y aun así sus hijos podrían vivir sin hacer nada durante toda su vida. Si ya lo tiene todo por qué se sigue esforzando. La razón está en lo que te acabamos de mencionar, -la necesidad de seguir activo, creativo y en movimiento-.

Así como en la carretera (si alguna vez has manejado por horas), cuando llevas más de cuatro horas al volante empiezas a sentir como una especie de hipnosis y eso te puede llevar a cometer errores que puedes pagar con heridas e incluso con la muerte. Lo mejor que puedes hacer es descansar y evitar acciones nefastas. Lo mismo ocurre en tu vida. Si siempre haces lo mismo te hipnotizas, te puedes dormir y te conviertes en un autómata.

Busca caminos alternativos y comienza desde tus rutinas diarias. No tienes que llegar al éxito máximo para empezar. Abre tu mente para analizar ahora mismo qué haces constantemente.
¿Será que al despertar siempre haces lo mismo, revisas lo mismo, lees lo mismo? ¿O será que cuando vas al trabajo siempre tomas el mismo camino? ¿Quizá siempre comes en el mismo lugar o tomas lo mismo?

Todos estos ejemplos o los que se te hayan ocurrido son la manera de tu mente de crear rutinas que hacen que se gaste la menor energía mental posible, pero también la que te mantiene en el piloto automático. Sin embargo, este piloto, en cuanto haya un cambio súbito de la rutina no hará otra cosa que desviarte hacia un accidente o un error.

La solución a esto puede ser tan sencilla como si te bañas y te secas siempre de la misma manera, entonces cambia la forma de hacerlo. Si constantemente ves la televisión, entonces empieza a leer, si siempre te lavas los dientes con la mano derecha, comienza a hacerlo con la mano izquierda.

Por lo que puedes leer, hay mil maneras de hacer que tu mente se ponga creativa y aunque al inicio se va a quejar y te va a mandar muchísimos mensajes para que regreses al buen y aburrido camino, mantente firme porque quien es el dueño y maestro de tu mente eres tú.

Novena regla: Quien trabaja todo el día no tiene tiempo de ganar dinero

Creer que las personas de éxito son las que más trabajan es caer en la mentira que el sistema nos ha querido vender para que seamos los mejores empleados del mundo.

Regresando a la regla anterior, si todo el tiempo estás haciendo lo mismo, si acostumbras a tu mente a no cambiar de aires, a no expresar su creatividad, entonces no podrás encontrar más y mejores formas de hacer dinero.

El dinero es el resultado de una idea que ha podido ayudar a resolver un problema. Si ese inconveniente lo tienen muchas personas y tu método lo resuelve mejor, entonces la cantidad de dinero que recibes será mayor, o si es un inconveniente muy complicado y tú lo puedes resolver de la mejor y más rápida manera, recibirás una mayor cantidad de dinero.

Te daremos un ejemplo

Se dice que en un sótano de la casa de gobierno había un problema muy grave de fuga de agua. Por más que los ingenieros intentaron arreglar el problema no lo podían resolver. Por lo que llamaron a uno de los plomeros más viejos y exitosos del pueblo.

Cuando le contaron del problema el plomero pidió ver las instalaciones. Lo llevaron y muchos de los ingenieros (algunos de las mejores escuelas del mundo) lo miraban con poco respeto.
El señor, ya de mayor edad, miró las tuberías, las analizó y después de unos diez minutos tomó un perico y le dio un muy buen golpe a una tubería. Como por arte de magia el problema había desaparecido. Con una sonrisa el plomero miró a los ingenieros y les dijo: Ya no deberían de tener un problema más. El señor guardó sus cosas y se retiró.

Al siguiente día llegó la factura del plomero por mil dólares. Era obvio que tenían que pagar, ya que el problema había sido solucionado, sin embargo, el supervisor de los ingenieros llamó al plomero y le pidió explicar el valor de su factura. Con gusto el viejo plomero se presentó a la oficina del supervisor que le dijo: ¿Me podría explicar el por qué de los mil dólares por arreglar las tuberías? El plomero se levantó y le dijo: Claro, con gusto le envío la factura desglosada. Al día siguiente llegó la nueva factura por un dólar por el golpe, novecientos noventa y nueve dólares por saber en dónde golpear.

Como puedes ver en este ejemplo, no tienes que ser una de las personas más estudiadas o mejor preparadas que existan para hacer dinero (siempre ayuda el conocimiento), lo que sí es cierto es que siempre debes ser la persona que sepa en dónde y cómo aplicar ese conocimiento para resolver cualquier problema.

La gente de éxito se ha dado cuenta que la mejor manera de generar grandes fortunas radica en la capacidad de hacer que el dinero trabaje para ella. Esto es que, aunque esté dormida, la solución al problema se siga dando. Que tu negocio trabaje las veinticuatro horas generando valor sin la necesidad de que estés o no presente. Esta es la mejor manera de hacer dinero.

Es por esto que las personas que han alcanzado cierto nivel de bienestar financiero comienzan a invertir en empresas, inversiones y otros generadores de capital para que su dinero constantemente se ponga a trabajar y no sean ellas las que estén detrás del escritorio.

"Cuando escribes tu sueño en un papel y le pones fecha se convierte en un objetivo. Cuando divides tu objetivo en pequeños pasos se convierte en un plan. Un proyecto respaldado por acciones se convierte en realidad", *Jurgen Kláric*

Los elementos necesarios para obtener el éxito en lo que se desee son:

1.- Claridad de objetivos, es indispensable saber qué quieres para no lanzarte al vacío.
2.- Investigación significa poner en claro lo que tu curiosidad te ofrece.
3.- Confianza en ti mismo, lo que implica saberse potente.
4.- Atrevimiento para hacer algo que pocos o ninguno ha hecho.

5.- Persistencia es no desfallecer nunca. La fe es indispensable.
6.- Pensamientos positivos y factibles.
7.- Acción necesaria para obtener los resultados deseados.
8.- Favorecer a los empleados que trabajan para ti.
9.- Pensar en crear o apoyar alguna fundación que favorezca a los más necesitados.

Aclaremos cada tema

1.- La claridad de objetivos es indispensable. Saber qué quieres para no lanzarte al vacío

Cuanto más evidente tienes lo que deseas es más fácil lograr el objetivo trazado. Si te complicas en lo que deseas es porque no has tratado de simplificarlo. Cuando transmitas tus planes piensa de manera sencilla y simple para que, si es necesario un posterior análisis, te sea más sencillo proseguir con tu interés de aclarar cualquier diferencia que encuentres.

Cuando se te ocurra una idea debes analizar cuidadosamente su probabilidad real de hacerla. Puedes investigar si existen antecedentes ya publicados y cuáles serían las diferencias con las que tu objetivo se pueda enfrentar. Dichos propósitos deben ser originales en su aplicación y en su comprensión.

2.- Investigar para poner en claro lo que tu curiosidad te ofrece

Cuando aflore una idea creativa en tu mente investiga similitudes con pensamientos semejantes y si fueron efectivos o fracasaron en su intento de cobrar vida. Averiguar es introducirte en un universo de conceptos impresionantes donde hallarás constelaciones de ideas similares, complementarias y diferentes de las tuyas.

Tendrás que poner mucho de tu parte para ser original y obsequiar opciones de crecimiento personal que sean únicas.

3.- Confianza en ti mismo, lo que implica saberse potente

Cuando surja un plan de oportunidades en tu cerebro es muy importante que poseas mucha confianza en ti. Ponlo por escrito.

Saberte potente es una cualidad básica para desarrollar ideas originales. Es una de las cualidades básicas de un emprendedor exitoso. A veces debes enfrentarte con oposiciones que se enfrentan a tu idea, pero la confianza en ti mismo hará que logres lo que otros no pudieron o nunca se les había ocurrido.

4.- Atrevimiento para hacer algo que pocos o ninguno ha hecho

La audacia es poner en acción la confianza en sí mismo. No significa saltar al vacío, y si así fuere no sería un fracaso sino que conlleva un aprendizaje al saber que era un camino equivocado.

De nada sirve ser un genio en crear algo que está archivado. Por eso se requiere ser atrevido para poner a la orden del público algo que a poca gente se le haya ocurrido y sobre todo hay que romper los límites que la realidad ose ponerte.

5.- Persistencia es no desfallecer nunca. La fe es indispensable

Cuando fundamos el Instituto Mexicano de Psicoterapia Gestalt en México, que fue el primero en el país, fue necesario esperar siete años para que produjera lo que habíamos imaginado que pasaría.

Si no hubiéramos perseverado hoy no existiría la Universidad Gestalt, primera en el mundo. Evitamos las voces que nos decían que abandonáramos la idea porque sabíamos que iba a prosperar algún día y así fue. Quien persevera alcanza dice el refrán. Es muy importante que cuando tengas una idea no la expongas a nadie hasta estar seguro de lo que deseas.

6.- Pensamiento positivo y factible

La posibilidad de aterrizar una idea antes de la acción debe ser aplicable a la realidad del contexto en el que se podría realizar. Hay que tener en cuenta el alcance de su acción antes de darla por hecho. El análisis previo al lanzamiento debe constar con aplicabilidad fáctica en el lugar que habrá de nacer.

Siempre un pensamiento positivo que se tenga podrá dar a luz una acción excelente para el medio al cual fuere dirigido.

7.- Acción. Necesaria para obtener los resultados deseados

Cuando ponemos en acción el pensamiento positivo se obtienen los resultados deseados que en múltiples casos sirven para que la comunidad que los reciba obtenga resultados satisfactorios para su propio bien.

Aterrizar un pensamiento analizado previamente es ofrecer algo positivo al medio y que redunde en aumentar opciones que favorezcan la aparición de nuevas alternativas similares, aunque no tienen que ser idénticas, lo cual favorece la creatividad.

8.- Favorecer a los empleados que trabajan para ti

La avaricia es un pecado que los millonarios no tienen. Ellos no buscan el dinero por el dinero, sino expresar su propia potencia. El dinero es para seguirlo invirtiendo después de los gastos naturales que se tienen día con día.

Reconocer a los trabajadores que trabajan para el acaudalado es invitarlos a que también inviertan parte de su sueldo después de haberlo ahorrado el tiempo suficiente como para poder colocarlo en algo que promete ser un éxito financiero. La lealtad y la confianza de los empleados son básicas en el área laboral. La traición se paga con el despido.

9.- Pensar en crear alguna fundación que favorezca a los más necesitados

Las personas acaudaladas tienen poco que ver con los nuevos ricos. Estos siguen patrones negativos como la soberbia, la envidia y la omnipotencia narcisista. Son déspotas con su personal y creen que actuar mostrando sus éxitos les hace ser más importantes. No apoyan causas sociales.

El verdadero millonario no pierde el tiempo en creerse importante y siempre apoyará el desarrollo de personas que no tienen una buena alimentación o un hogar adecuado al cumplimiento de sus necesidades básicas.

Cómo convertir en realidad tus sueños

Todos llevamos dentro la necesidad de ser recordados, de dejar una huella en la historia de nuestra generación, comunidad o familia. Pero la de ser reconocidos es una necesidad básica que todos tenemos pero pocos nos atrevemos a desarrollar al máximo.

La violencia es una manera de generar reconocimiento. Esta es la razón por la que existe tanta en el mundo. Es la creatividad llevada al lado oscuro. Hubo una serie muy vista que se llamaba *Narcos*, era la vida de Pablo Escobar. Aunque muchos lo vieron como un héroe, la verdad es que era un criminal. Lo que nosotros queremos analizar es su creatividad. Era un hombre visionario con una gran capacidad de crear rutas y acciones para llevar a cabo sus metas.

Este es solo un ejemplo de un personaje que muchos conocen o conocieron, pero si te das cuenta, su necesidad de ser reconocido fue satisfecha. Con esto podemos entender un poco más la razón de la violencia y de las agresiones que día a día te enteras por las noticias o por las redes sociales. Sin embargo, también queremos que hagas una introspección y analices también si has recurrido a la violencia para satisfacer la misma necesidad.

Un sueño que no se cumple se convierte en veneno que es necesario sacar. Vivir en frustración genera violencia. Los sueños rotos se van infiltrando en tu vida y van generando dolor a tu alrededor.

Vivir en la violencia es sencillo aunque peligroso, ya que una vez que lo pruebas y sientes el placer y la adrenalina, aparece la culpa o el miedo. Esto a su vez te atormentará y crearás más agresión para intentar callarla.

Así es el ciclo de la violencia, un poco va generando más y con el tiempo es tan sencillo hacer cosas violentas que se empiezan a usar depresores del sistema nervioso central para poder silenciar las voces; o te despersonalizas y te conviertes en un sociópata.

La solución para no convertirse en un sociópata o en un adicto está en cumplir con los sueños que tenías en tu niñez o en tu temprana juventud y que llevas dentro de ti esperando a ser realizados.

Walt Disney decía: "Todos nuestros sueños se pueden hacer realidad si tenemos el coraje de perseguirlos", y para ello se requiere tener una idea clara de qué quieres conseguir, luego investigar los pros y los contras que puedan aparecer para bloquear o estimular la búsqueda de lo que mejor le convenga a tu desarrollo personal.

Es muy común pensar negativamente si tenemos aprendidas conductas parentales quejosas y negativas. Si durante nuestra niñez nos decían ante algo que pedíamos: Eso no puede suceder, lo creíamos.

Pareciera que para ser un triunfador deberíamos tachar dichos comentarios de nuestra mente, pero eso nos provocaría culpa porque sería ir en contra de nuestras figuras parentales y de poder. En el fondo el resultado es un miedo a triunfar y a ser rechazados.

Nuestras figuras parentales vivieron como podían o debían hacerlo en su época, pero las cosas cambian continuamente con el tiempo y ya hay más libertad para que logremos lo que queramos.

Tener valor para poder seguir nuestros sueños también incluye tener que traicionar nuestra forma de haber sido educados. El valor, antes de que la era industrial o de la informática nos absorbiera por completo, se medía por la capacidad que tenías para defender a tu familia o a tu propiedad.

Hoy, que nos hemos hecho aún más dependientes del sistema que se creó en dichas épocas, la realidad es que ya no es tan necesario demostrar valor con violencia, sino con la capacidad para poder desarrollar algún un sueño o para solucionar un problema.

Lo que no te gusta de los demás es pura proyección, es decir, lo que expreses te pertenece únicamente a ti

Lo que no te agrada de ti lo aprendiste por identificación proyectiva, rechazas de otros lo que en realidad es tuyo y viceversa, lo que otros opinen de ti es de quien lo diga, así que desde ahora no hagas tuyo lo que expresen los demás a menos que te convenga creerlo.

Qué fácil es quejarse. Qué sencillo es culpar a otras personas. La realidad es que sí es muy fácil y alivia en el momento.

Una máxima de la psicología es que en donde se pone la atención la energía crece. Si nos la vivimos quejando o viendo lo que no está bien en el mundo o en las personas que nos rodean, de inmediato estamos entrenando a nuestra mente para que se enfoque en lo negativo y a que esté buscando más cosas negativas o quejas para así poder satisfacer nuestra sed de no ser impotentes.

Parece tonto pero es una de las herramientas más eficientes que tiene nuestro No Yo de querer mantenernos en la mediocridad. Lo más terrible de este instrumento es que los medios de comunicación están diseñados para que los seres humanos vivamos pendientes de lo que no nos gusta o no necesitamos.

Obviamente en la televisión, radio o redes sociales no nos va a llamar una noticia que diga: Novios se besaron, porque eso lo damos por hecho, lo vemos normal, sin embargo, si la noticia redactara: Novios se besan y mueren trágicamente por un automovilista en estado alcohólico, entonces no nos vamos a enfocar en el amor y sí en la tragedia. La desgracia llama más la atención que la bondad.

Los seres humanos tendemos a estar constantemente buscando la justicia, pero en vez de crear escenarios en donde esta se pueda dar de manera natural, normalmente nos enfocamos en los entornos en donde algo sucedió y estamos buscando lo justo.

Tenemos que aprender a observar lo que sí queremos y no lo que nos gustaría que fuera diferente o lo que nos muestran los medios. Dejar de ver los errores y enfocarnos en las oportunidades. Darle a nuestra mente la orden de poner atención en lo que estamos agradecidos y en cumplir nuestros sueños.

Un ejemplo personal (Héctor) de cuando tenía trece años y reprobé el primer año de secundaria. Mi familia pensó que no era muy inteligente y mi padre me dijo que ahora tendría que trabajar o aprender mecánica de autos porque se ganaba bien con eso.

Acepté el trabajo de mandadero con triciclo incluido para llevar a las casas los alimentos que pedían por teléfono a la tienda, y no hice caso de ver lo de la mecánica de autos y me reinscribí nuevamente en mi colegio en el turno vespertino y acabé el bachillerato.

Si no le hubiera hecho caso a mi interés por la educación, hoy no habría fundado una universidad ni habría logrado los doctorados que obtuve. De ahí me doy cuenta de que si otros pueden lograr ser exitosos, yo también puedo serlo, siempre y cuando me libere de miedos y culpas ancestrales.

Nuestra misión como entrenadores en apoyar el crecimiento en la abundancia financiera es
alentar la individualidad y estimular la creatividad para que cada uno de nuestros alumnos logre realmente lo que quieran alcanzar. Si nosotros pudimos ellos también podrán. Cuando nos hacemos responsables de nuestras acciones, de cómo vivimos la vida y cómo observamos la realidad, en ese momento tomamos el control.

Esa es nuestra misión, apoyarlos a encontrar la mejor manera de tener el control de sus vidas. Siendo así, no existirán sueños que no puedan realizar porque sabemos perfectamente que los únicos responsables de alcanzar el éxito serán ellos mismos.

Constancia y disciplina

Ya hablamos de la constancia, ahora vamos a ahondar aún más la disciplina.

Yokoi Kenji, un gran maestro de la disciplina, nos explica que en Japón se dice que la disciplina tarde o temprano vencerá a la inteligencia. ¿Qué quiere decir esto? Lo que Kenji nos explica es que no importa lo listo que seas, si no llevas un orden en tu vida no habrá forma de que logres el éxito.

En el libro de Daniel Goleman sobre inteligencia emocional nos narra el seguimiento temporal que se hizo de niños y niñas inteligentes (con marcadores superiores a sus compañeros) vs. aquellos que no eran tan listos pero sí muy sociales.

Si hoy te presentan a dos personas y te dicen que una es sumamente lista y la otra es muy fiestera, dime, ¿quién creerías que llegaría a tener éxito? La mayoría de la gente elige a la persona inteligente, dado que en la escuela nos han enseñado que la inteligencia es sinónimo de éxito.

Sacar dieces te hará una persona de éxito

Esta es una de las más grandes falacias que nos han vendido. La realidad es que con el experimento de Goleman se demuestra que la verdadera inteligencia que funciona más en la vida es la emocional. Ya que puedes ser una persona muy inteligente, un genio si así lo quieres ver, pero si no te sabes mover en la vida y cualquier problema emocional te desequilibra, entonces no habrá forma de que logres el éxito. Si se combinan ambas inteligencias terminarás siendo como un Elon Musk o una Ophra Winfried.

Dentro de la disciplina existe la constancia, sin embargo, se necesita de mucho más que solo perseverancia para llegar a tener la rutina de ser una persona disciplinada. Se requiere de organización, de puntualidad y de amor a un sueño. Porque no dejas de trabajar en algo cuando lo amas. Recuerda la última vez que te enamoraste. ¿Dime que no eras la persona más disciplinada y constante que conoces?

Pongamos un ejemplo. Te enamoras y en lo único que piensas es en el ser amado. Constantemente te observas para permanecer lo más pulcro posible, así como constante en la cantidad de veces que puedes ver u oír a esta persona.

Cuando haces una cita llegas, no solo a tiempo sino que antes, creas un ambiente en donde todo está dentro de tu control y sobre todo te mantienes en tu más alto nivel de excelencia. Seamos honestos, lo que menos quieres es que la persona crea que tienes más defectos que virtudes.

Si observas, dentro del enamoramiento hay constancia, organización, puntualidad y amor. Con estas características te invitamos a que las lleves a tu siguiente deseo, que te enamores de tu sueño y así seas una persona disciplinada y triunfadora.

Quien puede utilizar lo anterior es porque aprendió a obtener lo que quería. El éxito no es inalcanzable, si lo fuera no existirían los millonarios ni los triunfadores. Cualquiera que utilice estas características sumadas a la acción no puede fracasar.

Resuelve tus resentimientos con tus progenitores o figuras de autoridad

Aceptar el rencor implica un daño a quien lo siente. No existe mayor perjuicio en la vida que el que nos generamos cuando no resolvemos un tema que aún duele. El resentimiento con alguien o una situación no daña a la persona de la que estamos resentidas o a la circunstancia.

Lo terrible del resentimiento es que está demostrado que en varias ocasiones es la base del cáncer en alguna zona de nuestro cuerpo. De hecho, la mayoría de las enfermedades psicosomáticas se derivan del odio que se siente por las personas cercanas a nosotros y que no lo manifestamos verbalmente.

La expresión de tus emociones es una prioridad que no debe de ser despreciada. Necesitas manifestarte sin importar el qué dirán; cuando te expresas libremente puedes vivir de la misma manera. El éxito de la psicoterapia nace de esta premisa, es un espacio libre de prejuicios en donde la persona puede manifestarse y así liberar sus sentimientos desagradables y reorganizar sus creencias para vivir una vida más plena.

Nadie es perfecto, pero somos perfectibles quienes ampliamos nuestra consciencia y seguimos adquiriendo más aprendizajes comprendiendo que cada quien da lo que posee. Si te permites un espacio en donde te aceptas tal cual eres te podrás observar más relajado y mucho más creativo.

La perfección es enemiga de lo bueno. Los mejores proyectos no se crean por miedo a que no sean impecables, las poesías más bellas no se narran por temor a no ser perfectas y las personas potentes no desarrollan su potencial por el miedo de no llegar a ser insuperables como en su mente se observan.

La perfección es un ideal, sin embargo, somos perfectibles y podemos comenzar a aceptarnos tal cual somos, haciendo lo mejor que podamos realizar y al seguir mejorando en lo que nos interese.

Anular el sentimiento de venganza es esencial para mantener una buena salud física y mental. Como mencionamos anteriormente, cuando haces introspección y te liberas de las emociones nocivas que no te permiten vivir plenamente, es cuando puedes comenzar a sanar, tanto físicamente como emocionalmente. Quedarse con el amor y lo positivo que pudieras haber aprendido es básico para lograr una estabilidad emocional. Esto es aprender a ser una persona agradecida.

Saber que detrás de cualquier historia hay una razón poderosa de conocimiento que muchas veces no podemos observar hasta que la miramos con otros ojos. Toda experiencia, ya sea positiva o negativa, es un aprendizaje para hacernos personas más fuertes y maduras.

Hábitos positivos y posibles que aceleran el encuentro con tu éxito

Meditar

Esta es una costumbre que hemos detectado como una de las más usadas por las personas de éxito. Meditar significa permitirse darte el tiempo para estar contigo mismo sin juzgarte. La meditación es un componente indispensable del éxito, ya que calla la mente y doma al caballo desbocado que todos llegamos a experimentar. Se ha demostrado por años que la meditación es una herramienta que no puede faltar en la vida de las personas que buscan su desarrollo.

Se decía que meditar viene de la raíz misma que la medicina, sin embargo, no es un hecho, pero lo que sí es una realidad es que las personas que meditan tienen menos accidentes y enfermedades que las que no practican este método.

Existen muchos sistemas para meditar y es tan amplio lo que se puede hacer que no es complicado encontrar el que mejor se acomode a tu estilo de vida. Un estilo de meditación que usamos nosotros es uno de los más sencillos de hacer, ya que no requiere de nada más que de voluntad.

Te invitamos a darte todos los días al menos veinte minutos para salir a caminar. Parece que esto no es una meditación, ya que caminas todos los días y seguro no has visto los resultados que te estamos diciendo que se pueden dar con esta práctica. La razón es muy sencilla, cuando tú caminas lo haces para llegar del punto A al punto B, te estás desplazando, no tiene nada que ver con la práctica de la meditación que te vamos a narrar aquí.

Lo primero que tienes que hacer para usar esta técnica que nosotros aplicamos es lo siguiente: no puedes llevar nada que te distraiga en tu caminata. Debe ser sin un sentido de dirección, a donde tus pies te lleven es correcto. Tiene que tener un tiempo mínimo de diez minutos y máximo de sesenta.

Cuando hayas empezado a caminar debes permitir que cualquier pensamiento que venga a tu mente entre y se vaya; no te molestes en intentar controlar lo que piensas, la idea de esta práctica es ayudarte a vaciar tus pensamientos y permitirte simplemente existir. Al dejar que los pensamientos corran sin orden y te permites el no control, tu mente pondrá el orden y tú solo serás simplemente un espectador. Eso es lo único que te pedimos, que te observes sin juzgarte.

Cuando desarrolles esta habilidad, creemos que con cuatro o seis salidas a la semana será mucho más sencillo y alcanzarás a notar que hay pensamientos más importantes que se empiezan a asomar. Como si las grandes ideas por fin se atrevieran a decirte sus secretos porque por fin ven que tienes el tiempo para hacerles caso.

Este método a nosotros nos ha servido durante años. La idea principal de la meditación es la observación interna, y para eso vamos a profundizar más en el siguiente punto.

Introspección

Es la habilidad de mirar hacia adentro de ti mismo. Pero no tiene nada que ver con el ojo humano, sino con la capacidad del Yo de auto observarse. Esta es una destreza que vamos desarrollando con el tiempo y es muy necesaria para que no te estanques en tus pasados pensamientos negativos.

Conforme te vas haciendo una persona más consciente te observas con tus defectos y virtudes, el Yo va desarrollando la capacidad de mirar sus acciones y pensamientos antes de que sean acción o de que sean expresados.

Esta habilidad no es sencilla de reconocer o de desarrollar, ya que nos podemos autoengañar fácilmente cuando hace su aparición el No Yo. Es en donde la meditación cumple con su función y lo elimina.

Mientras más control tengamos de nuestros pensamientos y seamos más conscientes sobre la diferencia entre el Yo y el No Yo, más sencillo es que comencemos a mirar dentro de nosotros mismos.

Las emociones, los pensamientos, las estrategias para desarrollar un plan, todo esto se crea antes en nuestra mente y no es sino hasta que lo exteriorizamos que podemos conocer el resultado.

Mientras más cómodos nos sintamos al meditar e internalizar las ideas positivas que surjan, mucho más sencillo será el desarrollo de nuestros sueños.

Una técnica que puedes usar ahora mismo es la de la escritura automática. Este método funciona muy bien si lo realizas con papel y lápiz o pluma. La idea es que con tu mano dominante escribas en una superficie que se pueda impregnar, esto funciona mucho menos si lo haces en un teclado o en una tableta con pluma.

Por alguna razón nuestra mente tiene que reconectarse con cientos de años de escritura para que este sistema de meditación e introspección tenga el efecto terapéutico que deseamos para ti. Siéntate frente a tu hoja de papel con tu lápiz o pluma y comienza a escribir. Lo que sea que puedas redactar.

Déjate llevar por al menos diez minutos sin pensar y solo escribe, lo que sea que salga es bueno y perfecto. No busques el orden ni la congruencia, solo permite que tu mente se deslice por tus dedos hacia el papel.

Al finalizar estos diez minutos permítete cinco minutos de descanso antes de leer la cantidad de palabras que aparecieron en tu mente. Si hiciste correctamente el ejercicio y permitiste que tu mente se dejara llevar, entonces encontrarás muchas palabras al azar y de pronto las frases importantes comenzarán a tener sentido. Ignora lo negativo, las quejas o las malas palabras, lee hasta que encuentres la congruencia o el mensaje que tu Yo observador te envió dentro de dicha escritura.

Educación constante

Continúa actualizándote siempre. Los sueños se perfeccionan con el aprendizaje. Es por eso que aprender y mantener activa la mente es la única forma que existe para crear nuevas oportunidades.

Cuando hablamos de inmersión, a lo que nos referimos es al estar presente en un lugar y aprender con una persona o con una agrupación. Estos son los talleres, grupos de encuentro, clases, escuelas, lecturas, conferencias o pláticas.

No importa a dónde vayas, siempre y cuando lo hagas para seguir desarrollando tu mente. El momento en el que dejas de querer aprender es cuando empieza tu declive. Tu mente está creada para adquirir conocimiento todo el tiempo, aunque tiene un piloto automático (el No Yo del que ya hemos hablado). Lo que verdaderamente importa es la capacidad que tengas de desactivarlo a tu tiempo y cuando a ti se te antoje. Eso es el verdadero control, ahí es donde radica el éxito.

¿Recuerdas cuándo fue la última vez que estuviste en un lugar con personas que buscaban algo similar a ti? Si la evocación es fresca te podrás dar cuenta de la belleza y explosión de creatividad que obtuviste al estar rodeado de gente que buscaba algo similar a ti.

Si no lo recuerdas, entonces es muy importante que acudas lo antes posible a un seminario, taller, plática o lo que sea del tema de tu interés y vuelvas a sentir lo que es estar con un grupo de individuos que piensan y buscan aspiraciones similares a los tuyas.

A nosotros nos llama mucho la atención cómo las personas que atendemos nos comentan que es muy difícil encontrar grupos de gente que piense o busque algo similar a sus sueños.
Se nos hace extraño porque en todas partes se están reuniendo personas con gustos similares.

Ahora que, si han estado buscando en sus casas, en la red o en la televisión, van a encontrarse con problemas.

Las personas que tienen sueños no están encerradas en sus casas, se encuentran afuera buscando gente y formando grupos que como ellas deseen seguir desarrollando sus ideas y sueños.

Sigue educándote, continúa leyendo, sigue juntándote con quienes busquen lo mismo que tú. Esta es la mejor manera de ir creando tu tribu o clan y así mantenerte actualizado y desarrollando mejor tus sueños.

Levantarse temprano para aprovechar el tiempo

Cuando eres una persona motivada por una misión o propósito es muy fácil levantarse temprano, es más, se convierte en una necesidad para poder seguir trabajando en el proyecto que te mantiene entusiasmado.

Puede que seas noctámbulo, que te guste la noche para poder trabajar, pero encontramos un pequeño problema con esta forma de vivir. La gente que quiere resolver un conflicto no se encuentra en la noche buscando cómo hacerlo, salvo en contados casos en donde el problema sea el insomnio. Este se resuelve levantándote de tu cama y al escribir en un papel lo que tienes que cumplir a la mañana siguiente. Después te acuestas nuevamente y duermes como un angelito.

Cuando despiertas temprano tienes todo el tiempo a tus pies. Si empiezas desde las cinco de la mañana estarás despierto antes que la gran mayoría de la población, y si además lo haces con ánimos y con un sueño por cumplir, entonces ya serás parte del siete por ciento de la población que alcanza el éxito. No creas que con solo despertar al amanecer ya habrás logrado el éxito, no lo hagas porque lo leíste aquí.

Es importante tener muy claro que si te despiertas a dichas horas es para aprovechar cada segundo del día. Las más antiguas religiones y filosofías del mundo piden a sus monjes y seguidores que al levantarse lo hagan para meditar. Nosotros te requerimos que lo hagas para programar tu día. No hay nada más poderoso que crear tu jornada desde el primer momento de la mañana, incluso antes de que salga el sol.

Cuando programas tu mente desde lo más temprano posible tienes la posibilidad de ponerla a prueba antes de que haya una multitud de ruidos, personas y decisiones que se abalancen en contra tuya al salir de tu hogar. Es por eso que es importante despertar temprano. Los pensamientos que programes deben de ser insertados sin ruido, sin interrupciones, sin sentir que tienen que estar allí lo más rápido posible.

Programar una mente requiere de tiempo y amor. Paciencia y control. Mientras mejor tengas controlado tu ambiente, la programación y los resultados serán preferibles.

Hacer ejercicio

Sin un cuerpo sano es imposible alcanzar el éxito. Tu cuerpo y mente son las dos mejores inversiones que puedes llegar a tener y utilizar. La belleza de esto es que no es necesario tener mucho dinero para alcanzar los niveles de buena salud que necesitas, pero sí se requiere de mucho esfuerzo. En otras palabras, es muy sencillo mantenerte como una persona sana, pero requiere de un esfuerzo físico y el deseo de estar cada día mejor que el anterior.

Hay innumerables estudios sobre los beneficios del ejercicio. Son tantos los datos sobre las ventajas que es sumamente extraño ver que haya tantas personas perdiendo su tiempo en actividades que no las llevan a nada positivo y no invirtiendo al menos veinte minutos al día para originar estos beneficios.

El ejercicio físico te activa celularmente. Esto no solo incluye las células musculares, sino que está demostrado que activa también a tus neuronas y facilita la neurogénesis (creación de nuevas neuronas e interconexiones neuronales).

Nacimos para hacer ejercicio, y si no lo crees te invitamos a que veas a los niños en un recreo. Pareciera que lo único que desean es correr hasta acabar cansados. El ejercicio es tan natural para el ser humano que no seguir desarrollando nuestros cuerpos se convierte en algo antinatural. Imagina si todos los días te dedicaras a despertar temprano, a programar tu mente y a hacer ejercicio. ¿Qué crees que ocurriría después de cuatro meses de crear este programa?

Cuando el cuerpo está sano la mente seguirá su camino. Esta máxima griega no solo es real, sino que además está comprobado que funciona. En un experimento de la universidad Massachusetts Institute of Technology (MIT) quisieron poner a prueba el poder de la mente sobre las emociones. Para esto tomaron a varias personas con depresión profunda, esto es, gente que estaba en un hospital por el riesgo que presentaban para sí mismas.

A estas personas se les mandó una terapia distinta a únicamente tomar el medicamento y la psicoterapia. Todos los días en las mañanas y en las noches se le ponía frente a un espejo y se les pedía que sonrieran cinco minutos. Este fue el nuevo ejercicio.

Lo impactante de este estudio es que después de veintiocho días de hacer esta práctica, cinco minutos en la mañana y cinco minutos en la noche, casi el cien por ciento de los pacientes había reducido el consumo de medicinas y habían salido de la depresión profunda. Ese es el poder de la sonrisa.

Hagamos un experimento. Te vamos a pedir que ahí en donde te encuentres sigas estas instrucciones y experimentes la sensación que va a suceder con solo mover el cuerpo. Párate de tu asiento si estás sentado y baja los hombros lo más que puedas, ponte en una posición de derrota.

Siente el peso de tus brazos y cómo tu espalda no puede cargar tus hombros, haz que tu respiración sea solo superficial y no llenes más que un poco el pecho. Agacha la cabeza y mira al suelo. Permítete estar en esta posición unos minutos y comienza a poner atención a tus pensamientos y sensaciones.

Si hiciste correctamente este ejercicio te habrás dado cuenta de la sensación parecida a la depresión y a la desesperación que genera. No te tuvo que haber pasado nada para sentirte así, simplemente te deprimiste, incluso hay personas que hasta comienzan a tener pensamientos dolorosos y llanto.

Cambiando el experimento, ahora te pido que te levantes y te pongas erguido. Alza los brazos en forma de victoria y respira profundamente, desde el pecho hasta el abdomen y de regreso. Alza la cabeza al cielo y mira hacia arriba. Estírate. Pon atención a tus sensaciones y a tus pensamientos. Si has hecho correctamente el ejercicio te darás cuenta de la sensación de alegría y fuerza que esto genera en ti, incluso si lo profundizaste, seguramente tuviste recuerdos de algo muy positivo en tu vida.

Este es el poder de tu mente. Cuando tu cuerpo se encuentra fuerte tu caminar será de fortaleza y tu resiliencia será mucho mayor. Si estás débil físicamente, evidentemente comenzarás a tener pensamientos de derrota y tu energía se mantendrá por debajo de la normalidad. Lo triste de esta situación es que nos podemos ir acostumbrando a esta forma de vida y creer que estar con energía baja o incluso estar deprimidos es normal.

No te permitas vivir jamás así. Tú mereces vivir al cien por ciento porque esta es la única vida de la que te puedes acordar y por lo mismo la única que tienes para disfrutar y sacar todo el provecho posible. Date la oportunidad y comienza con lo más sencillo del mundo que es hacer ejercicio físico.

Informarse acerca de lo que te llame más la atención

Ser una persona actualizada es un hábito que debes de integrar a tu lista de actividades.
Cuando tienes una misión o propósito que te apasiona es de suma importancia estar siempre alerta a lo que ocurre en el mundo con respecto a tu área de interés. Hoy en día con el poder de Internet es muy sencillo mantenerte actualizado con las nuevas tendencias.

Vivimos en una época en que las personas se creyeron la falacia de que quien tuviera acceso a la información tendría poder. No hay nada más lejos de la realidad que creer esto. Las personas que adquieren el éxito no son las más informadas, incluso no se necesita ser el más enterado para poder alcanzar grandes triunfos.

De lo que sí estamos seguros es que si pones en acción la información de la que te apasiona aprender y seguir actualizándote, entonces el éxito es seguro. La frase debería de ser: "Quien aplique la información tendrá poder".

Vuelca tu memoria al pasado y analiza qué es lo que más te llamaba la atención en tu niñez. ¿Qué era aquello que podías pasar horas analizando sin que te dieras cuenta del tiempo que pasaba a tu alrededor?

Todos los seres humanos nacemos con una aptitud propia. Cada uno de nosotros viene al mundo con una habilidad única que al emplearla nos podría dar el éxito. El problema está en que muchas veces nos hicieron sentir avergonzados o culpables por tener dicha capacidad o se burlaron de nuestro don y por lo tanto lo dejamos sumergirse en el olvido. Ahora es el momento de recordar, de permitirnos desempolvar dicha cualidad y actualizarnos.

Las ventajas de vivir en la época de la información es que podemos acceder a lo más reciente del tema o campo que nos llame la atención, lo único que necesitamos es tener acceso a Internet. No se requiere más, solo muchas ganas de encontrar, entre toda la información, la que a nosotros nos convenga más.

Hoy hay miles de lecturas, videos y bibliotecas abiertas y gratuitas a disposición de quien desee encontrar algo que le interese. La verdadera dificultad radica en no caer presas del entretenimiento mientras estemos buscando. Recuerda que tu atención es muy valiosa y muchas empresas buscarán acapararla.

Cuando te mantienes actualizado en el campo de tu interés y lo pones en acción, será complicado que la competencia te gane los clientes, ya que lo que la gran mayoría de las personas no hace es mantenerse al corriente de los millares de bits de información que nacen todos los días. Si eres el uno por ciento que se esfuerza siempre por mantenerse al corriente con los mares de información, entonces ya estás teniendo una ventaja gigantesca.

Socializar

Conocer personas afines a tu elección. Se dice que somos el promedio de las cinco personas con las que más pasamos nuestro tiempo. Nos gustaría que te des el tiempo necesario para que analices con quiénes pasas más tiempo. Esto incluye familia, amigos y colaboradores. Con esas cinco personas con las que pasas la mayor parte de tu tiempo tú formas el promedio. ¿Esto qué significa?, que si pasas la mayor parte del tiempo con gente que se queja, que no le va bien en la vida, que es negativa, entonces tú formarás parte del promedio.

Los seres humanos somos gregarios por naturaleza y nos agrada estar con personas como nosotros. Socializar es la base del éxito del ser humano. Aprendemos por imitación, creamos creencias limitantes o de empoderamiento gracias al grupo de gente con la que pasamos la mayor parte del tiempo. Tenemos estigmas, prejuicios y toda clase de ideas a causa de nuestras interacciones sociales o familiares. Cuando tomas conciencia de tu panorama este cambia, si es que así lo deseas.

Cuando tu grupo no es el mejor para tu desarrollo personal o económico, lo mejor que puedes hacer es cambiar de personas en tu ámbito con el que socializas. Esto no significa que dejes de amar o juntarte con tus amistades, solo vas a estar con ellos menos tiempo que antes.

Al alcanzar la meta de estar con una agrupación de personas que te apoyan para seguir desarrollándote, entonces mantenerte en contacto evitará salirte de tu meta, sin embargo, también es importante la diversidad, ya que esta alimenta tu creatividad.

Esta es la clave de tu éxito. Es una de las herramientas que más se han usado por las personas que han alcanzado el éxito. Una frase que nos gusta mucho es la siguiente: "Si tú eres la persona más inteligente y exitosa de tu grupo, es tiempo de cambiar de agrupación". Esta oración es una belleza, un poema. Cuando te das cuenta que necesitas cambiar de grupo es porque tienes la humildad de buscar personas más exitosas y desarrolladas que tú y así evitar el estancamiento. Recuerda que tu No Yo lo que busca es que entres en una zona de confort y así evitar que sigas creciendo. Pero cuando estás empeñado en crecer, las herramientas con las que puedes seguir desarrollándote no se acabarán jamás. El único momento en la vida en donde dejas de aprender es cuando dejas de vivir.

Mantenerse ocupados

Las personas exitosas rara vez están inactivas. Si no están leyendo, socializando, ejercitándose o pasando el tiempo con sus seres amados, entonces están creando algo nuevo.

Tu mente no deja de laborar jamás, incluso cuando duermes sigue trabajando. Esta es la belleza del ser humano.

Somos seres creativos que todo el tiempo estamos desarrollando algo innovador. Un ejemplo claro y bastante violento sobre esta premisa son los celos. Cuando los has tenido tu mente no te permitió relajarte. Todo era una terrible historia, cualquier llamada, mensaje o señal que pudiera parecer un engaño se convertía en una historia de celos que tu mente desarrollaba hasta el dolor. Las excusas y las ideas de engaños parecían reproducirse solas, y lo peor es que no se necesita de una pareja infiel para sentir o pensar que te están engañando. Solo se necesita respirar.

Este es el perfecto ejemplo de cómo tu mente nunca deja de crear. El problema más grave es que si tú no eres la persona que está en control de tu propia mente, esta se irá por el camino más sencillo que es el de la autodestrucción facilitada por tu No Yo.

Estar ocupado no es ser *workaholic*. Cualquier adicción es solo una distracción del No Yo para evitar que cumplas con tus propósitos positivos. Mantenerse ocupado es sinónimo de nunca dejar de seguir tu pasión. Es poner toda tu energía en lo que te lleva a seguir desarrollándote y permitir que tu mente siga creando para poder expresar tu ser al mundo.

Donde el río se mueve las piedras no pueden quedarse. ¿Alguna vez has visto un río con una corriente poderosa? En donde el agua lleva fuerza no hay estructura que lo soporte. Este es el poder del movimiento y es al que tú puedes acceder si te mantienes activo. Descansar es sano pero parar es mortal. Tú eres una persona que se expresa a través de la creación, sigue haciéndolo y no habrá obstáculo que pueda contigo.

Saber decir no a la negatividad o a hacer algo en lo que no estás de acuerdo

Muchas veces por vergüenza evitamos decir que no cuando algo que hacen las personas de éxito es que, si no está dentro de sus propósitos, entonces no lo hacen y no tienen timidez alguna por no aceptar estar con quien no quieren o en donde no desean.

Estamos muy acostumbrados a decir que no, pero no siempre por las razones correctas. Decimos que no a la oportunidad de seguir desarrollando nuestra mente, emociones o espíritu.

Todos sabemos que cuando invertimos en nuestra mente el retorno de la inversión será siempre en un porcentaje mayor al que invertimos al inicio. Sin embargo, estamos tan hartos de la educación tradicional, que en cuanto terminamos de estudiar lo que se nos pide socialmente, en ese momento decidimos no volver a una escuela.

Hedonismo. El placer inmediato

Saber decir que no al hedonismo no solo es complicado, sino que además requiere de renunciar a muchas cosas y no solo al placer.

La gente que ha alcanzado el éxito, en su gran mayoría aplazó el gozo inmediato por su propósito. Dijo que no a miles de oportunidades de tener el placer en ese momento y lo pospuso para poder seguir en su camino de cumplir con su sueño. Esto es lo que hace que una persona se separe de la manada.

Si te dicen: deja todo y vamos de fiesta, con esto tendrás placer inmediato. Si te invitan a salir y nada de esto cumple con tu propósito o sueño, tendrás que decir que no. Se requiere de un nivel alto de madurez para poder aplazar el placer, pero la recompensa es la felicidad y no solo el momento.

La vergüenza es un método de nuestra sociedad de mantenernos ordenados. Es útil para vivir en comunidad, pero es inútil cuando se requiere ser valiente y resiliente. Lo que piensen los demás les pertenece a ellos, pero si estamos al pendiente de esas personas, entonces no estamos siguiendo nuestro camino. La gente más exitosa del mundo fue considerada loca y muchas veces se aisló. Pero cuando alcanzó sus sueños, quienes la rechazó se jactan de decir que la conocían. Las personas comunes son así, te alejan cuando no les conviene y se acercan cuando te pueden sacar algo. Esto no es malo ni bueno, simplemente tú debes evaluar si a ti te conviene y te convence.

Nunca te sientas culpable o avergonzado por seguir tus sueños. Estos están en tu mente por una razón y cuando la encuentras tu felicidad y éxito están asegurados. Lo único que sí queremos que sepas es que para cumplir con estos propósitos se requiere de esfuerzo, y como habíamos dicho antes, no es lo mismo ver el paisaje desde la base de un cerro que desde la cima de una montaña.

Alcanza el éxito con este sencillo paso: Menos TV y más lectura

La lectura requiere energía, la televisión no. La lectura fomenta la creatividad, la TV no. La lista podría ser enorme. Lo que te queremos trasmitir es que si deseas el éxito te debes esforzar. Está bien entretenerte de vez en cuando, ya que el descanso es necesario, pero te repetimos, cuando algo te apasiona, es raro que una serie de televisión o una película te haga abandonar tu sueño.

La lectura genera en ti la capacidad de razonar y dialogar mejor. Así como en tu celular tienes que bajar juegos, aplicaciones o servicios que se instalan dentro de tu teléfono y después pueden modificar tu sistema operativo (las famosas actualizaciones), la única manera que tu mente tiene para bajar estas actualizaciones es a través de la lectura o el aprendizaje en escuelas, seminarios, talleres, pláticas o conferencias.

La gente adinerada lee libros de motivación personal y busca ejercicios que estimulen la mente. Además de lo anterior, las antedichas personas se mantienen aprendiendo. Ya sea en seminarios, conferencias o en grupos de discusión que les ayudan a mantenerse estimuladas y actualizadas.

La felicidad es un camino y no un destino

Cuando permites que otros te digan qué pensar y en qué distraerte, has entregado lo más importante de tu vida, tu atención. Cuando eres tú quien decide qué leer o en qué enfocar tu atención para así seguir desarrollándote, entonces el control lo tienes tú y por lo mismo el poder.

Leer te ayuda a explorar el mundo interno y externo de una manera segura y rápida. Cuando lees puedes ir a lugares mágicos y reales como a mundos fantásticos e irreales, pero todos y cada uno de ellos dejarán en ti la marca de un viaje extraordinario. Los beneficios de la lectura es que puedes tener acceso al pensamiento de personas asombrosas y que han cambiado la historia, aún cuando no los conozcas o hayan muerto hace cientos de años. Muchas personas no han aprendido a leer por placer, sino que lo hacen por obligación. Otra cosa de la que nos hemos dado cuenta es que la gente que ha alcanzado el éxito se desafía con lecturas complicadas que hacen que su mente se desarrolle más. La lectura también mejora la imaginación, la memoria y hasta las relaciones personales. Cuando aprendes a leer, aprendes a escuchar y a leer entre líneas, es por eso que a mayor aprendizaje tu empatía y tus relaciones personales mejoran.

Hacer listas de pendientes por la noche

La mejor manera de evitar no descansar es escribir por la noche en un papel la lista de lo que quieres hacer al día siguiente. Es la mejor manera que existe de permitir que tu mente cierre un ciclo. Y en la mañana, con lo que hayas escrito, puedes retomar en dónde te quedaste y cerrar cualquier asunto inconcluso que tenías.

Una de las razones por las que las personas tienen insomnio es porque su mente no puede dejar de pensar en un asunto pendiente y como el cerebro no quiere olvidar, entonces mantiene activa la energía, lo que se traduce en no dormir o simplemente en no descansar.

Se sabe que las personas más exitosas lo hacen con la finalidad de estructurar prioridades para el día siguiente. Albert Einstein creía en el poder del sueño y cada vez que se estancaba en un problema que por más que buscaba la solución creativa esta no llegaba, se retiraba a su casa y después de una buena siesta la solución estaba en sus primeros pensamientos después de haber descansado.

Las listas ordenan la mente y nos ayudan a organizar nuestra vida. Cuando tienes claras tus prioridades, cuando estas sirven para llegar a tus metas y ayudan para alcanzar tus sueños, has encontrado la solución a una vida desordenada y podrás cambiarla por una llena de éxitos cuando por medio de las listas y la disciplina aprendes a ordenar tu vida.

Siguiendo el punto anterior, establecer metas y visualizar el camino que deseas transitar es fundamental, así como escribirlo.

Los deportistas de alto desempeño y las personas de éxito en los negocios se entrenan mentalmente. Saben perfectamente a dónde quieren llegar y qué metas quieren alcanzar y las visualizan en su imaginación todo el tiempo.

Un experimento demostró el poder de la visualización. Se juntó a gente y se les dividió en tres grupos. El primero lanzó un balón de básquetbol durante una semana para mejorar su puntería. El segundo visualizó por unos minutos y después tiró el balón durante la misma semana. El tercero solo formó en su mente la imagen de tirar el balón por el mismo tiempo que el primer grupo y durante una semana.

Al finalizar el experimento a todos los grupos se les puso la prueba de tirar el balón físicamente.
La precisión del primero con el tercero fue muy similar, y las personas del segundo equipo fueron superiores a ambas agrupaciones.

Con este experimento se demostró lo que ya los entrenadores de élite sabían por años. Practicar mental y físicamente es mucho mejor que solo hacerlo de una manera. Lo que más nos impresiona es la capacidad de la mente para tener casi la misma precisión con solo pensar y al hacer la actividad física. Las personas triunfadoras hacen esto (visualizan) por las noches o bien a primera hora de la mañana.

Esta herramienta es usada por la mayoría de las personas que estudiamos como gente de éxito. Es el instrumento principal del libro *Piensa y hazte rico*, es la base de Elon Musk y cualquier personaje icónico de nuestro siglo. Sea lo que sea que tú veas en la calle fue creado dos veces. Uno en la mente de su creador y la segunda vez cuando se mandó a materializar.

Cuando te puedes ver como la mejor versión de ti, cuando puedes visualizarte teniendo éxito haciendo lo que más deseas, viviendo el momento de tu triunfo, en ese momento le estás dando a tu mente la instrucción de lo que necesita hacer. No es lo que quieres, es lo que necesitas y todos tus sistemas mentales se pondrán en sincronía con tu existencia para materializar esa imagen de tu mente en la realidad.

La razón por la que querrás hacer esto en cuanto te despiertes y en cuanto te vayas a dormir es porque es en lo primero que quieres que tu mente se enfoque y en lo último que tu consciencia experimente. A mayor práctica mejor será el resultado.

El atleta Usain Bolt dice que practicó cuatro años de su vida para correr en 9.6 segundos. Lo que hagas en la oscuridad, lo que realices cuando nadie te ve, es lo que te hará sobresalir cuando tengas que demostrar tu talento. Ese es el verdadero éxito, practicar en cantidades sobrehumanas hasta que tu mente ya no se enfoque en la proeza y sí en el resultado.

Saber administrar tu dinero

Las personas exitosas están en donde están porque han sabido manejar bien sus finanzas.

El dinero no solo es físico, sino también es gaseoso y líquido. Si te pones a pensar, la gente dice frases como: "El dinero se me fue como agua, quemé el dinero", entre otras cosas. Lo triste de estos casos es que el dinero es solo una idea pero ha adquirido mucho poder en nuestra mente.

Lo que sí es verdad es que si no manejas tus finanzas, seguramente no podrás hacer una gran fortuna. La idea del dinero es quisquillosa, necesita ser supervisada. Si tú no te ocupas de los pequeños detalles, ¿cómo vas a hacerle cuando tengas que manejar los grandes?

Una de las razones por las que las personas terminan en la quiebra o en la miseria no es siempre su situación socioeconómica, sino su situación administrativa. Nosotros conocemos muchos casos de gente que por no administrarse termina hasta el cuello de intereses y cuotas extraordinarias. Son los mismos individuos que le echan la culpa al sistema y a la sociedad en vez de tomar el control de sus vidas y comenzar a organizar sus finanzas.

Si vas a pagar algo que no necesitas no lo compres. Lo peor que puedes hacer es endeudarte. Entendemos que hay una voz en tu mente que te dice que aquello que quieres comprar te hará feliz, pero eso es una mentira. Muchas veces es mejor renunciar ahora al placer que vivir con el dolor de haber sucumbido a él.

Ser generoso y estar dispuesto a ayudar a quienes lo necesiten

¿Qué es ser espléndido?, ¿qué es estar dispuesto a ayudar? Ser generoso no es solo ayudar cuando un desastre natural ataca o cuando al sentir culpa auxilias a alguien. La generosidad nace del amor. Una persona altruista da sin esperar recibir nada porque sabe que el dar solo es una manifestación del poder interno.

¿Cuándo y cuánto estás dispuesto a dar si ahora te naciera del corazón hacerlo? No se trata de tiempo ni de tus servicios o de dinero, se trata de la voluntad. Cuando tienes la intención de dar lo que también posees es el poder.

La gente de éxito que nosotros analizamos no podría entrar en la categoría de normal debido a que son personas que vienen con un modelo mental distinto al del resto. Esto no te lo decimos para que dejes de intentar ser más potente, sino para que entiendas que así como estas personas se desarrollaron, tú también lo puedes lograr imitando sus conductas.

Así como te demostramos que puedes cambiar tus emociones con solo modificar tu cuerpo, imagina lo que puedes llegar a hacer si imitas comportamientos de personas que han tenido éxito en la vida. Es solo tener la voluntad y la certeza de que si otros pueden tú también.

Dice un dicho que la buena suerte y la preparación siempre encuentran una oportunidad. Las personas más exitosas se preparan para el triunfo todo el tiempo. Esperan a que la suerte las encuentre y por lo general así ocurre.

La suerte disminuye en donde la habilidad aumenta. Esta es una realidad. Tú no quieres vivir esperando a que el porvenir esté a tu favor, lo que deseas es entrenarte a niveles extremos para que seas tú quien controle la suerte.

El camino al éxito personal lo caminas tú. Nosotros podemos darte muchísimas herramientas, pero si determinas hacer o no los ejercicios, si decides o no leer ni prepararte con gigantes, al final esa será tu decisión.

Einstein decía que Dios no juega a los dados con el universo como una manera de demostrar que el control de nuestra vida y éxito personal lo decidimos nosotros. Tus logros no están dictados por el universo o el azar, es responsabilidad tuya. Conseguirlo es lo único que puedes hacer para que te materialices en esa persona abundante y potente que has desarrollado en tu mente.

¿Cuál es tu filosofía de vida?

La filosofía de las personas tiene que ver con el camino que deciden tomar a lo largo de su vida. Hay quienes deciden ser hedonistas y vivir el momento con los placeres que esta realidad puede ofrecer, y si esto causa un daño futuro, pues ya verán cómo resolverlo, lo importante ahora es disfrutar sin pensar en las consecuencias del mañana.

Los seres humanos vivimos mentiras falsamente verdaderas con respecto a nuestras finanzas personales. Creemos que las personas ricas son personas ostentosas que presumen su dinero, los relojes, los coches, las casas, y aunque muchas veces queremos cumplir con estos modelos que Hollywood nos ha vendido, la realidad es que las personas adineradas no viven así.

Nuestra sugerencia para una mejor filosofía de vida consiste en trabajar duro, tener disciplina e inteligencia financiera. Cuando nos referimos a ocuparnos con persistencia, lo que estamos diciendo es que la mayoría de las personas exitosas que hemos estudiado son autoempleadas que le dedicaron más de sesenta horas a la semana a trabajar en su libertad financiera.

Ya hemos hablado de la disciplina, pero queremos enfatizar la constancia que guiada por una meta y sobre todo con la práctica diaria para llegar a la excelencia, es elemental para conseguir lo que se desee.

Cuando disertamos sobre la inteligencia financiera nos referimos a la capacidad que tenemos de seguir aprendiendo sobre nuestras finanzas, la economía y la motivación emocional que va detrás de esto.

Si hoy tú no eres una persona millonaria, sabemos que vas por el camino correcto ya que estás leyendo estas líneas.

Vamos a ver un ejemplo de cómo debemos crear nuestras metas jerárquicas para así poder alcanzar nuestro objetivo de libertad financiera:

En la creación de objetivos existen tres pasos como mínimo, aunque pueden haber más en los que alcances una meta. Vamos a analizar -tocar la guitarra-.

1. Tocar la guitarra

    a. Comprar una guitarra
    b. Bajar vídeos de cómo se toca
    c. Practicar todos los días cuarenta minutos

Si tú sigues estos tres pasos seguramente podrás aprender a tocar la guitarra y dominar lo básico en menos de un mes. Pero como dice la última etapa, debes practicar todos los días sin excusas.

Al hacer esto sabemos que no hay forma de que no puedas crear la habilidad que necesites para alcanzar cualquier sueño que desees.

El secreto se encuentra en tu capacidad de ser constante y sobre todo en hacer realidad lo que quieras lograr para así hacerlo tan sencillo que no haya la posibilidad de que crear una excusa.

Problema y solución según los millonarios

¿De dónde viene tu dinero, de tus activos o del sudor de tu frente? ¿Trabajas para obtener el dinero o este trabaja para ti y te genera riqueza?
¿Tienes un negocio o un autoempleo?
¿Por qué unos empresarios tienen éxito mientras que otros tienen que esforzarse por generar apenas unas ganancias?

La respuesta general a todas estas preguntas está en el apalancamiento. ¿Por qué?, porque la gente más rica sabe que su día solo tiene veinticuatro horas y por lo tanto se esfuerza por aprender cómo usar los recursos, el dinero, el tiempo y la experiencia de otras personas.

La clave para apalancarse está en tu inteligencia financiera que te permite ver oportunidades donde otros no las notan. La mayoría de las personas gastan su dinero y cometen el error de creer que mientras más ganen mejor les irá. La gente que nosotros hemos estudiado y que alcanzó la libertad financiera está viendo siempre en dónde puede invertir su dinero para así conseguir más activos y de esa manera generar dinero cuando no se encuentre trabajando.

A pesar de que muchas personas mienten diciendo que la gente exitosa lo hizo con un trabajo bien pagado o en negocios turbios, la realidad es que porcentualmente los individuos que alcanzaron esta libertad lo lograron desde un autoempleo y comenzando a formar empresas y/o creando activos que les permitió la libertad de seguir desarrollando sus oportunidades.

Piénsalo así, si hoy tuvieras el dinero para comprar una casa más grande, ¿ocuparías ese dinero para ese propósito o para invertir en tu marca personal, o en un activo que te dé más dinero a futuro pero renunciando a la comodidad inmediata que te puede dar un nuevo hogar?

Los primeros años de tu empresa son la clave para multiplicar tu riqueza, proteger tu patrimonio y generar activos para acelerar tu plan de retiro, si es que deseas jubilarte. La mayoría de las personas exitosas no desean jamás retirarse, porque la emoción y la pasión no están en el retiro, sino en la creación.

Genera riqueza utilizando estrategias fiscales y legales como lo hacen los millonarios, incluso si tu negocio apenas empieza a generar utilidades. No te expongas a realizar actividades ajenas a la ley porque aunque parezca más fácil el resultado puede destruir tu manera de vivir y hasta perjudicar a tus seres queridos.

CAPÍTULO 3

"Si dices que puedes o que no puedes, en ambos casos tienes razón". Henry Ford

1. La importancia de la autoestima

Como señalamos en capítulos anteriores, el amor a sí mismo es la base para crecer bien. Como es un pensamiento generado en la niñez, se basa en los comentarios que los adultos con sus palabras o con sus conductas nos mostraron en dicha época. Los niños aprenden lo que viven. Si a un infante le repetían que era un tonto, lo hacía suyo como si fuera real.

Así vamos creando nuestra autoimagen, pensamientos y autoestima. Cuando es algo negativo lo absorbe el No Yo, y contrariamente a esto, cuando lo que hemos oído son palabras positivas, vamos estructurando nuestro Yo para ser triunfadores.

Recuerdo a mis tíos maternos decirme que yo era un genio cuando tenía cuatro años y me lo creí. En mi adolescencia tuve conflictos con mi autoimagen y con mi autoconcepto por ser de estatura baja (la mayoría de mis compañeros eran altos).

Desarrollé aptitudes literarias, musicales y atléticas adornadas con buen humor. Así podía conquistar a las muchachas y desterrar el complejo de inferioridad que me creé en esa época. La autoestima es un motor impresionante para atreverse a lograr lo que se desee.

La importancia de la autoestima se encuentra también en la actitud. Pareciera algo completamente lógico, pero los seres humanos tenemos posturas que no siempre son las mejores para nuestro desarrollo personal.

La actitud de la persona triunfadora

Estamos seguros que en tu vida has conocido gente que ha triunfado y que ha logrado salir de un problema para alcanzar el éxito y despegar hacia la riqueza. Todos tenemos una historia cercana de un caso así. En lugar de sentir envidia, hay que admirar y aprender de estas personas cómo lo lograron.

La actitud nace de tu estado mental y este debe hacer perfecta congruencia con tu energía. En otras palabras, es necesario que tengas la postura de una persona de éxito para poder alcanzarla.

De que serviría mostrar una actitud derrotada si actualmente lo que deseamos es alcanzar el éxito. Cuando te hablamos de que seas congruente, lo que verdaderamente queremos decirte es que tienes que mostrar el estado mental de una persona que no tiene miedo ni al fracaso ni a tener que dedicarse horas para conseguir su sueño.

El estado mental de la gente que nosotros analizamos se compone de resiliencia, así como de una pasión tan ferviente que no hay poder humano que pueda apagarla. Este es el verdadero secreto de las personas exitosas que nosotros analizamos y que hoy te entregamos como parte de tu aprendizaje.

¿Cómo se logra?

Lo primero que tienes que hacer es encontrar dentro de ti un sueño ardiente o un deseo lleno de pasión que sea el motor de tu conducta. Tener un proyecto apasionado es de suma importancia porque es la energía que te va a motivar para poder alcanzar ese objetivo de materializar ese castillo en el aire.

Cuando tú tienes un sueño que te llena de energía es sumamente fácil que tu actitud sea la de una persona de éxito. Es bien sabido que cuando alguien tiene una meta clara y sabe cómo alcanzarla, solo las garras de la muerte lo puede detener.

Encuentra tu deseo y hallarás la actitud y el estado mental que necesitas para poder alcanzar esa vida de libertad financiera que tanto buscas.

2. Los hábitos que te mantienen en la mediocridad

1. Dormir demasiado

    a. Puede que la primera pregunta que te hagas sea: ¿Cuánto es demasiado? La respuesta es que, si eres un adulto sano, más de ocho horas ya es demasiado, y si duermes menos de cinco es muy poco.
    b. Dormir es descansar, pero puede también llegar a ser una manera de evitar enfrentarte a la vida. Muchas personas duermen cuando sienten ansiedad o angustia, o cuando las emociones les sobrepasan.

2. Trabajar para otros

    a. No toda la gente nació para ser emprendedora. Y aunque no es de mediocres trabajar para otros, sabemos que cada uno de nosotros como seres humanos tenemos la capacidad de cambiar de mentalidad, y esperamos que lo que hayas aprendido en este libro pueda despertar el deseo de mejorar en tu vida y ayudar a otros a hacer lo mismo.

3. Hacer todo solo

    a. No somos islas. Creer que el éxito es solitario es una de las mentiras que más se venden para que no lo intentes.
    b. Los demás son esenciales en nuestra construcción del sueño.

4. Ver TV en tiempos libres

    a. Si necesitas entretenimiento es porque tus sueños no son lo suficientemente estimulantes para no perder ni un segundo en hacerlos realidad, sin embargo, a veces podemos desconectarnos de nuestra cotidianeidad y ver televisión, hacer crucigramas o salir a caminar para distraernos.

5. No hacer ejercicio físico

    a. Tu cuerpo es el vehículo que, de no darle mantenimiento, todo lo que construyas terminará siendo consumido para volver a tener salud.
    b. El ejercicio genera demasiadas hormonas positivas como para no darle una oportunidad de veinte minutos diarios.
    c. Todas las personas exitosas tienen una rutina muy marcada que los ha mantenido en el éxito. Es importante que sepas que dentro de este hábito existen momentos de hacer ejercicio. Mente sana en cuerpo sano.

6. No arriesgarse

    a. No se expone quien solo busca el control o teme perderlo.
    b. Atreverse es saber que hay una alta posibilidad de fracasar y que esa frustración solo te acerca un paso más al sueño que tienes por el aprendizaje obtenido.
    c. Aunque sabemos que es más confortable ser un empleado, este libro no fue escrito para gente cómoda, sino para personas valientes que saben que de no ir por sus sueños la vida que hayan vivido no vale nada.

7. Descuidar su apariencia

    a. La primera impresión nunca se repite. Por lo que es
        de suma importancia entender que si quieres ser
        tratado como una persona de éxito te debes de ver
        en el nivel al que quieres pertenecer.

8. Envidiar y culpar a los demás

    a. Cuando acusamos a otros es porque no tenemos el
        valor de enfrentarnos a la realidad. Tenemos miedo
        de entender que si algo en nuestro sueño no
        funciona es porque nosotros no entendimos cómo
        desarrollarlo correctamente.
    b. Envidiar es solo confirmar que somos impotentes.
    c. La persona mediocre se siente más segura cuando
        sabe que va a fracasar y entonces pueda verse como
        víctima. Al menos así obtiene atención. Aunque ese
        tipo de consideración no favorece el crecimiento sino
        el estancamiento.

9. Ser necio

    a. Las personas testarudas son aquellas que no han
        desarrollado o encontrado la sabiduría interna que
        les da el autocontrol necesario para seguir
        avanzando.
    b. Es obstinado quien cree que lo sabe todo. Pensar así
        es una de las desventajas más grandes que existen
        para alcanzar el éxito, pues elimina toda posibilidad
        de creatividad y de cambio.

10. Tener miedo al cambio

a. Todos tenemos cierto temor a las alteraciones, aunque es algo tan constante que hasta parece paradójico (lo único que no cambia es que todo se modifica). Lo que nos agrada es la constancia.

b. Estar abiertos al cambio es lo que nos permite ser flexibles para la adaptación a lograr obtener lo que deseamos ser y por lo mismo nos mantiene actualizados. Es básico para que incrementemos la creatividad.

c. Los seres humanos deseamos prosperar y seguir desarrollándonos; son las personas con miedos inculcados desde la niñez las que no logran adaptarse a este mundo dinámico y cambiante, y por lo mismo se aferran a creencias que solo los mantienen en pensamientos de mediocridad y con temor al éxito.

11. Quejarse

a. El lamento es la expresión de la impotencia. La envidia, como dijimos anteriormente, es la afirmación de dicha manifestación.

b. Cuando nos quejamos lo único que estamos buscando es asumir que realmente somos impotentes y llamamos la atención de la peor manera.

c. Las personas más exitosas de la Tierra son las capaces de aceptar su responsabilidad y tienen la respuesta sabia para corregir el rumbo hacia el éxito.

12. Vivir en el pasado

a. Para una persona exitosa no hay lugar para vivir en el pasado. Este es un lugar mágico o terrible, es el infierno vestido de cielo.

b. La mediocridad es rechazar la adaptación al mundo en el que vivimos actualmente, el cual está

constantemente en un cambio dinámico. La gente
exitosa solo puede vivir en el presente vislumbrando
el éxito en su futuro.

13. Gastar lo que no se tiene

   a. En capítulos anteriores te comentamos sobre la
       importancia de tener un control claro y sano de tus
       finanzas.
   b. Las tarjetas de crédito sin pagar el total, los meses sin
       intereses y todas estas herramientas financieras que
       acercan productos que no necesitas pero que te
       convencen de que sí quieres y que te mantienen
       atado a un techo de cristal en donde podrás ver tus
       sueños pero jamás alcanzarlos.
   c. El éxito de las personas millonarias radica en su
       capacidad de acción con dinero líquido y no en estar
       encerradas en fantasías inalcanzables.

14. Adicciones

   a. Estar atrapado en una adicción evitará que alcances
       tus sueños, siempre y cuando uno de tus deseos no
       sea morir o vivir encerrado en una cárcel o en una
       clínica.
   b. Dentro de las adicciones hay varias salidas, ninguna
       de estas aparecen en el orden como las describimos:
       1. Cárcel, 2. Clínicas o anexos, 3. Hospitales
       psiquiátricos, 4. Sanatorios, 5. Muerte.
   c. En el mundo de los estupefacientes, los únicos que
       ganan son los que las venden o quienes te sacan de
       ese atolladero.
   d. Las personas de éxito jamás se verán atrapadas
       dentro de esta enfermedad pues saben que sus
       sueños valen más que sus alucinaciones y porque no

necesitan ningún tipo de adicción que las aparte del objetivo de ser triunfadoras.

15. Ser influenciables

    a. Para alcanzar el éxito requieres tener una mente fuerte y una voluntad de acero. Al inicio puedes pasar como una persona loca, pero con constancia y manteniéndote fuerte en tu creencia de éxito es muy probable que alcances tu meta.

16. No creer en sí mismos

    a. Sueños hay millones, incluso pareciera que hay más que vida. Sin embargo, el problema que constantemente encontramos dentro del MDA
    b. es que muchas de las aspiraciones con las que se viven no tienen ni pies ni cabeza y es por eso que rápidamente se convierten en pesadillas o frustraciones. Tener fe en sí mismo es la base del atrevimiento.

17. Hablar mal de los demás

    a. Esto solo habla mal de ti. Lo perjudicial de hacer algo así es que te haces de una fama que después no podrás cambiar.
    b. Recuerda que nunca conocerás el futuro y tampoco sabrás en dónde te volverás a encontrar a la persona que criticaste.
    c. Guarda tus comentarios negativos para tus terapias o elimínalos por completo de tu vida. Es mejor que comiences a ver lo positivo de cada persona antes de emitir juicios sobre ella; si no puedes, evita hacer comentarios negativos.

18. Burlarse de quienes toman riesgos

   a. Como mencionamos anteriormente, no todos son capaces de ver el mundo como tú lo haces. Si alguien no quiere tomar riesgos, agradece y sigue tu camino. Elige a las personas triunfadoras.

19. Ser una persona que pospone

   a. No hay peor enemigo del éxito que la postergación. Dejar algo para después que no sea a favor de tu salud, es correr el mayor riesgo que existe y que impide ser un triunfador.
   b. En el primer capítulo abordamos el aplazamiento.

20. Dejarse llevar por los chismes

   a. No hagas caso de las murmuraciones, pero sí escucha qué hay detrás de ellas.
   b. Las habladurías siempre traen detrás cierta información importante a la que tenemos que estar atentos. No sabes la sabiduría que habrá detrás de esas palabras.

21. No son capaces de ver las oportunidades

   a. Cuando temes arriesgarte a echar a andar tus sueños es muy difícil que seas capaz de ver las oportunidades que se te presenten.
   b. Tener la capacidad de ver oportunidades de éxito es un entrenamiento que solo se da cuando has podido dejar pasar situaciones que no te llevaron a donde tú querías ir.

3. **No importa si ganas o pierdes, lo que merece la pena es el aprendizaje que obtienes**

Los latinoamericanos crecimos en una cultura de vencidos y conquistados; no siendo suficiente, tenemos una gran influencia de la cultura anglosajona por medio de sus productos y entretenimiento en donde se nos inculca que es muy importante competir siempre.

Estamos acostumbrados a querer ganar o a no desear perder. Triunfar es lo más importante o al menos así está en nuestra creencia colectiva. Quien pierde es víctima, es conquistado, se le olvida en la historia.

Quien vence es el héroe, es recordado, por lo que nos aterra perder. Al competir, con la única persona que se puede dar esa opción es con uno mismo. En cuanto aprendes que solo contigo es con quien puedes competir, te das la libertad de no compararte. Al no hacerlo te llenas de creatividad y de amor, y no hay nada que te pueda detener en conseguir tus sueños.

Cuando te comparas lo haces desde dos niveles de injusticia. En el primero te ves superior al otro y en el segundo al verte inferior. Si te das cuenta no hay forma positiva de percibir esto. Siempre tiene que haber alguien que pierda y alguno que gane. Dentro de estas creencias la abundancia no puede existir, pero en un mundo de abundancia todos ganan.

Cuando nos comparamos lo hacemos desde la visión de un mundo de escasez que no tiene suficiente para todos y por lo mismo debemos ganar para así poder tener más y sobrevivir. Es una tristeza que hayamos sido educados de esta manera. Esta es una de las labores que el MDA cumple con la sociedad.

Mientras más personas como tú y como nosotros sigamos inspirando a otros en el hecho de que hay oportunidades en demasía, la necesidad de competir y dominar se transforma para comenzar a cooperar.

Frases positivas

- Si te caes diez veces levántate once

  Esta oración la encontramos hace muchos años en la filosofía china. Es un aprendizaje tan natural que hasta pareciera tonto. Sin embargo, es una de las bases más importantes de las personas que alcanzan el éxito: la persistencia. No importa cuántas veces te caigas, siempre te tienes que levantar una vez más.

- El éxito le pertenece a quien confía en sí mismo

  Ya hemos definido en anteriores párrafos al triunfo. Sin embargo, nunca es tarde para que vuelvas a reflexionar sobre qué es el éxito para ti hoy. Incluso después de haber llegado hasta esta parte de la lectura es posible que tengas una mejor versión de lo que deseas lograr. Tómate tu tiempo y descríbelo. El triunfo para mí es...

- Piensa que si otros pueden tú también

  Este es nuestro lema. El Dr. Héctor Salama lo escuchó de su padre rico y lo integró al MDA como la filosofía que nos guía. Cuando admiro a alguien más, en ese momento dejo de competir y comienzo a aprender. La abundancia crece a partir de ese instante. Las demás personas se convierten en mis maestras y por lo tanto yo puedo ser un reflejo del aprendizaje y enseñanza (nunca sabes quién te observa a ti).

- La paciencia es una virtud mientras no te dejes paralizar por el miedo

Tener tolerancia no es lo mismo que estar paralizado por el temor. Quitando la idea de que se siente completamente diferente una sensación que la otra, es importante hacer notar que dentro de las virtudes que una persona de éxito tiene, la paciencia es la que más beneficio te traerá. Un problema que se puede presentar es que se confunda esta virtud con el miedo a actuar.

Para aclarar aún más sobre el tema, contesta:

¿Cuándo te has sentido con más paciencia?
¿Cuándo te has sentido con menos tolerancia?
¿Qué herramientas descubres cuando tienes paciencia?
¿De qué instrumentos careces cuando no tienes tolerancia?

4.   La gratitud como expresión del amor

Además de usar la visualización y los decretos, las personas de éxito son agradecidas.
Lo primero que debes resolver es cualquier resentimiento que tengas con tus seres queridos.

Como comentamos en párrafos anteriores, el resentimiento no ayuda a nadie. Por lo que, si aún sientes algún resentimiento, este es un excelente momento para acudir con un especialista de la conducta humana y resolverlo, o mejor aún, perdona.

La gratitud está peleada con los sentimientos de enojo, miedo y tristeza. Se necesita estar limpio de corazón para sentir verdadero agradecimiento y aunque sabemos que puede ser complicado al inicio, no es una razón para no esforzarse y generar este sentimiento dentro de ti.

Ser agradecido hace que varias conexiones neurológicas del Yo se conecten de manera rápida, además de acelerar procesos de mielinización y desmielinización. Es crear mejores y más conexiones, así como desconectar aquellas que ya no sirven o generan algún tipo de barrera al crecimiento personal.

La gratitud, además de los beneficios que te hemos dicho, hace que tu forma de actuar sea más placentera y por lo mismo que seas más agradable a las demás personas. En los negocios ser este tipo de individuo te lleva mucho más rápido al éxito.

Ser agradecido es ser bien nacido (bendito), reza el refrán. La gratitud es esencial en el amor. Una oración diaria: Agradecer a los padres, a los antepasados y al universo de esta oportunidad de existir.

5. El difícil camino de emprender

Si empezar fuera fácil habría más empresas que personas en el mundo. La realidad del emprendimiento es que al ser un camino difícil es un excelente filtro para ir liberando el camino de los individuos sin ambiciones y coraje, es decir, de las personas que solo quieren un una senda sencilla, sin esfuerzo.

No hace mucho en Facebook aparecía un video de las personas que emprenden (cómo se levantan temprano, duermen tarde, renuncian a varios placeres inmediatos), para que el final todo esto sea tan valioso que vale la pena todo el sacrificio.

Siendo que es tan difícil, ¿por qué tantas personas lo intentan y solo un veinte o treinta por ciento lo alcanzan? La realidad es que no todos nacimos para ser dueños de un equipo, ya que la mayoría de los jugadores prefieren estar en la cancha que utilizando la mente en las oficinas.

Emprender lleva consigo liderazgo, aventura, una montaña rusa de emociones (decepción, fracaso), aprendizaje y muchas otras cosas más. Sin embargo, del bajo porcentaje de personas en el mundo

que se atreven a llevarlo a cabo, son casi nulas las que se
arrepienten de haberlo intentado.

Contar con el tiempo que se requiera sin presiones

Tiempo es algo que todos tenemos pero no todos lo usamos de la
mejor manera posible.
Con él podemos generar riqueza y esta se convierte en cosas o
servicios. Pero qué ocurre cuando matamos nuestro tiempo… ¿te
das cuenta? Te estás matando tú, ya que eres la única persona capaz
de hacerse millonaria o no.

Tu tiempo lo es todo, el cómo lo usas, lo aplicas o lo pones en acción
es tu responsabilidad y solo con este conocimiento podrás hacerte
de la vida que te gustaría vivir y cumplir con los sueños que dan
vueltas en tu mente.

6. Seguridad financiera

Ahorrar para invertir y conocer el medio adecuado para hacerlo.

Cuando ahorres que no sea para guardar el dinero, ya que de
hacerlo así lo único que estarás haciendo es enriquecer al banco o a
una institución financiera. Tu mejor opción es que el dinero trabaje
para ti. Que todo ese esfuerzo también haga su trabajo.

No se trata nada más de invertir por invertir, ya que al poner tu
dinero en un fondo de inversión puede acabar con toda tu
economía. Aquí lo que hay que resaltar es la importancia de
aprender sobre las inversiones. Las mejores son aquellas que no se
tocan por más de diez años, que se permiten madurar a pesar de las
crisis financieras. Se ha demostrado una y otra vez que el dinero que
se mantiene por más de veinte años dentro de la Bolsa de Valores
es un dinero que genera ganancias a pesar de cualquier crisis
económica.

Quien confía en sí mismo tiene más opciones de vender

Saber vender es esencial dentro de una vida llena de propósitos. Nadie puede crear riqueza en su vida sin antes tener el poder de la venta. Vender productos que cambian de dueño por un módico precio o un intercambio va mucho más allá del objeto.

La gente que adquiere artículos o servicios ya ha hecho su trabajo investigando y leyendo a otras personas que han probado el producto o servicio, haciendo que la venta sea aún más rápida. Los vendedores ya no solo sirven para dar información, sino para apoyar a que el cliente pueda adquirir una experiencia. Ese es el nuevo trabajo de las ventas, crear experiencias que se puedan traducir en un intercambio monetario.

7. Gozar el camino no el destino

A pesar de que dentro del emprendimiento hay mucho dolor, noches sin dormir y horas de estrés absoluto, no conozco a nadie que haya terminado de armar su empresa y que se arrepienta del camino recorrido. Es mas, hasta parece que a pesar del dolor la recompensa es aún más especial. Por eso hay que aprender a gozar la senda y no solo el destino.

Cuando has tenido la oportunidad de viajar y en lo único que piensas es en llegar, el tiempo parece ir más lento y hasta a propósito. La razón radica en que dentro del camino tu mente solo está enfocada en el destino, en lo que va a sentir y vivir en cuanto llegues, por lo que aumentan los niveles de angustia y lo que necesitas es llegar para así apaciguarla.

Mientras más tardemos la mente pondrá más atención en el tiempo y la falta de recompensa que está deseosa de vivir, esto aumenta aún más la atención y también la sensación de que el tiempo camina más lento.

Gozar la senda es un tipo de meditación dentro del aquí y ahora. Prestar atención al momento y vivirlo genera relajación dentro de la mente. Sabemos el propósito de nuestro camino, mas no el destino. Esta manera de vivir es la más eficiente y además la que más longevidad te dará, ya que un camino sin estrés es un camino lleno de salud.

Tener metas claras

Para fijarte objetivos debes asegurarte que cumplan con cinco condiciones:

1. Ser claros

Esto quiere decir que no debe haber error en su manera de expresarse. De nada sirve que tu meta sea tener dinero, ya que está tan generalizada que con una moneda de un peso sería suficiente para cumplir con la misma.

2. Medibles

Debe contar con una manera de poder medirse que se está avanzando. Las personas dejan de creer en sus sueños cuando dejan de sentir que se están acercando a su objetivo.

3. Alcanzables

Esta condición la daremos con un ejemplo: Imagina que vas al gimnasio y nunca has entrenado. Llegas al banco de pesas y pretendes tomar la mancuerna de cien kilos. ¿Cuál crees que sea el resultado? ¿Dolor? ¿Accidente? ¿Posible hospitalización? Correcto. Una meta como esta podría generar tal frustración que el dolor sea el menor de los problemas. Por eso es importante que tus objetivos sean alcanzables pero lo suficientemente desafiantes para que valga la pena el camino.

4. Delimitadas en el tiempo

Así como las metas deben de ser desafiantes pero alcanzables, también deben de tener un límite de tiempo. Necesitas de una temporalidad para así también medir tus progresos. Al igual que la condición anterior, el tiempo debe de ser razonable y desafiante.

5. Orientadas a resultados

Cuando tienes una consecuencia en mente, la idea de lo que tu botín puede ser, lograr tu meta, entonces la motivación sería la de alcanzarla, entonces podrás disfrutar el camino para conseguir tu objetivo.

6. El poder del decreto

¿Qué significa decretar?, ¿cuál es la diferencia entre tener y no tener metas? La respuesta está en la repetición y en tu creatividad, más que en otra razón. Con las cinco condiciones que hay escritas arriba tienes todo para poder comenzar a usar el poder del decreto. Hacerlo es usar todo tu poder mental para alinear la oportunidad con tu talento y obtener lo que comúnmente se conoce como suerte.

El decreto debe contener una fuerte alianza con la visualización creativa. Tienes que poder ver tu meta, vivir tu sueño, llegar a sentir lo que vas a experimentar cuando por fin alcances tu objetivo. El decreto debe de estar correctamente creado (leer las cinco condiciones para crear una meta) y sobre todo debes de creer que ya lo tienes y lo estás disfrutando.

La importancia de los decretos positivos

También es muy importante que tus decretos siempre se
mantengan en el nivel positivo de tu vida. Jamás se debe decretar lo
que no se quiere, ya que pones a tu mente en alerta y en búsqueda
de aquello que no deseas en tu vida, a diferencia de decretar lo que
sí deseas.

7. Cinco reglas de oro para recordar:

1.- No gastes más de lo que ganas.
2.- Ahorra para invertir no para gastar.
3.- Nunca dependas de una sola fuente de ingresos.
4.- Evita las deudas (por más que sea a meses sin intereses).
5.- Pagar a tiempo es construir una buena reputación.

8. La Humildad

¿Te consideras potente? No lo menciones, muéstralo en tus
acciones.
¿Crees que puedes lograr lo que quieras? Cuidado con la
omnipotencia narcisista que te puede llevar al fracaso y a perder
oportunidades.
¿Cuáles son los obstáculos que te impiden lograrlo? Solo tú puedes
saberlo. Requieres utilizar la introspección.
Nunca confundas modestia con devaluación.

9. Aprende a cancelar conductas y pensamientos negativos

Recuerda que este tipo de comportamientos son aprendidos y
pueden eliminarse a través de un método sencillo.
Haz una lista de pensamientos limitantes. Luego la repites y a
continuación dices: Cancelado, cancelado, cancelado. Yo tengo el
poder.

Así es como se debilita este tipo de pensamientos negativos y fortaleces tu Yo.

Capítulo 4

**"Si la vida es un viaje, ¿por qué no hacerlo en primera?".
Robert Louis Stevenson**

La importancia de la caridad

Siempre da limosna al necesitado. Cuanto más das, más recibes. Darle a los pobres es una manera de contribuir al bienestar de quienes no han tenido la oportunidad de crecer económicamente, sea por su subcultura o por malos manejos del dinero, o por adicciones terribles. En este último caso cambia el dar dinero por alimentos.

No te estamos diciendo que tienes que dar a fundaciones (si es tu decisión, entonces adelante), sino que una vez que tú has alcanzado tus metas y el nivel económico que deseas, entonces es de suma importancia que apoyes a otros dentro de tu círculo de influencia a avanzar como tú lo hiciste.

Hay un refrán español de antigua data que reza: Manos que no dais, ¿qué esperáis?
Muchas personas evitan dar caridad y expresan múltiples motivos. Uno de ellos es: Que busquen trabajo. Están Jóvenes y fuertes. Otros señalan: Que el gobierno los apoye. Otros más dicen: Que se regresen a su tierra, etc.

No hay una solución sencilla para erradicar la limosna. Tal vez promoviendo nuevos negocios que absorban a estas personas o crear talleres para aprender manualidades, o apoyar a los pueblos de donde son originarios creando estructuras que requieran mano de obra.

Hay iglesias y fundaciones donde pueden apoyar a estas personas carentes, algunos son hogares para niños y jóvenes de la calle que se drogan porque no tienen alimentos. Esta población, además de poca o nula educación, es caldo de cultivo para la delincuencia o el narcotráfico. El gobierno debería establecer alguna secretaría de apoyo a personas carentes.

Valores del líder Gestalt

Para que una persona se conduzca adecuadamente consigo misma y ante la sociedad en la que convive requiere tener presente una serie de valores aprendidos desde su niñez y sostenerlos en su desarrollo.

La honestidad, el respeto, la responsabilidad y el amor son indispensables en la convivencia social. Cada persona puede incluir otros valores con los que se identifique. Un líder Gestalt es cualquier persona que dentro de su vida sigue los valores mencionados arriba y que se permite vivir su aquí y ahora compartiendo la magia de una vida sin límites.

La importancia de la creatividad

El ser humano ha demostrado a través de los siglos una capacidad de adaptarse a cualquier medio y así es como nace la creatividad. Cualquier niño la desarrolla al jugar e imaginar lo irreal para continuar con la evolución de la inteligencia.

Como habíamos mencionado anteriormente, la importancia de la creatividad y la visualización es lo que ha convertido a hombres y mujeres en personas de éxito. Hasta el día de hoy no se puede medir la creatividad, sin embargo, no es de importancia medirla, sino su manera de aplicarla.

Si te sientes una persona que no es creativa te recomendamos que recuerdes cuando eras pequeño y busques dentro de ti esa imaginación poderosa con la que podías pasar horas jugando e investigando.

Hábitos diarios

1.-Estudiar y leer libros afines a tus objetivos. Enfócate en lo importante. Ten un porqué poderoso.

2.- Fijar metas. Crea objetivos y escribe lo que deseas lograr cada día, mes, año y década.

3.- Planifica tu día la noche anterior. Debes planear cómo vas a resolver los objetivos a realizar. Mantén tus metas a la vista.

4.- Relaciónate con personas del nivel que quieres alcanzar. Aprende de la gente que admiras.

5.- Lleva el control de tus historias y de las personas que vas conociendo (ideas, lecciones, citas, éxitos y fracasos).

6.- Hacer ejercicio físico cotidianamente. Haz de tu salud una prioridad.

7.- Saber relajarte. El descanso favorece nuevas ideas y fortalece tu poder.

8.- Hablar contigo mismo de tus sueños y logros aumentará la confianza en ti mismo.

9.- Usa tus dones innatos de manera continua. Toma acción aunque te dé miedo.

10.- Forma un sistema de apoyo con expertos.

Diferenciar a personas negativas de las positivas

Conocer las diferencias entre los individuos que son negativos, tóxicos y mediocres te da el poder y el control de no caer en estos hábitos que te quitan poder y dañan tu vida.

Personas negativas

Todos conocemos a alguien así:

1. Se queja.
2. Pierde el tiempo.
3. Contagia negativismo.
4. Se victimiza.
5. Critica.
6. Es egoísta.

Para una mayor autorreflexión te pedimos que te describas siendo de esta manera. Trata de indagar en lo más profundo de ti y cuando te hayas encontrado haciendo una o todas estas conductas, recapacita sobre los resultados que has obtenido actuando de esta manera.

La gente positiva:

1. Sonríe.
2. Ayuda a los demás.
3. Contagia lo positivo.
4. Entrega a tiempo.
5. Se esfuerza.
6. Se capacita continuamente.

De la misma manera en que te observaste con las actitudes anteriores, ahora te pedimos que recuerdes cuando has actuado con una o todas estas posturas y los resultados que has obtenido al usarlas.

Sugerencias al emprendedor

1. Nunca dejes de leer los temas que te apasionen. Edúcate.

La enseñanza constante es el motor más poderoso que
tienes a la mano. Hoy los libros están en todos los formatos.
Hay audiolibros para que cada tramo que tengas que cruzar
y te parezca tiempo muerto, lo aproveches para ir
escuchándolos.
Hay videos de los autores explicando sus libros y las
conferencias que han dado, por lo que hoy es mucho más
nutritivo leer y aprender sobre el por qué un autor escribió
lo que redactó.

¿Sabías que Warren Buffet (el hombre más rico del mundo)
leía mil hojas diarias de información?

2. Nunca dejes de tener buen humor. Es agradable hacer
    sonreír a los demás.
    Las personas de éxito son magnetos humanos. No hay mejor
    manera de atraer a otros que usando el buen humor y lograr
    que la mayoría de quienes están a tu alrededor se sientan
    felices. Además, las sonrisas liberan endorfinas y a causa de
    esto se te vinculará como el ser que los hizo sentir bien.

3. Nunca llegues tarde a una cita. Sé respetuoso.
    En este libro aprendiste que uno de los activos más valiosos
    es tu tiempo, por lo que respeta el tuyo y el de los demás.

4. Nunca regales tu trabajo. Eres valioso.
    Como expresamos en el punto anterior, tu tiempo vale
    mucho y si regalas tu trabajo estás perdiendo dos cosas: tu
    tiempo y tu dinero. No es lo mismo que donarlo y no tiene
    nada que ver con productos o servicios que ofrezcas de
    manera gratuita para que las personas puedan probar y
    después comprar.

5. Nunca des consejos que no te pidan. Abstente de hacerlo.

Los seres humanos tenemos dos oídos y solo una boca, la razón es que siempre hay que escuchar y evitar hablar, a menos que sea para generar más valor.

6. Nunca te guardes tus emociones. Evita enfermedades.
Como tú vales mucho tus emociones son parte de tu valía. Guardar emociones lleva al resentimiento y al dolor que una enfermedad te puede causar, no se compara en lo más mínimo a la expresión rápida de una emoción.

7. Nunca supliques. Ten fe en ti.
Cuando estás siguiendo una pasión o un propósito de vida y la realidad parezca no estar a tu favor, ten fe en ti y en que se resolverá. No hay propósito que no se cumpla y dé vuelta a la hoja del infortunio. Pero debes seguir intentando y trabajando para alcanzar tu sueño.

8. Nunca pidas prestado a menos que sea al sistema bancario. Paga los intereses.
El mayor problema de pedirle a amigos y familiares es que si no regresas el dinero y además no agradeces, habrá roces emocionales que será complicado resolver.

Lo maravilloso del sistema bancario es que son instituciones que se dedican a prestar dinero. Al pagar, tu historial crecerá, por lo que cada vez te abrirán más crédito para poder seguir desarrollando tus ideas.

9. Nunca pidas perdón más de una vez. Errar es humano.
Cuando te disculpes, hazlo desde el corazón y mirando a los ojos. Si lo haces correctamente no tendrás que volver a hacerlo.
Recuerda que también pedir perdón es para ti. Muchas veces nos olvidamos que cuando cometemos errores nos debemos una disculpa para poder sentirnos aliviados.

10. Nunca permitas que decidan por ti, a menos que sean
personas expertas.
Los peores consejos los vas a obtener de gente a la que no le
pediste su opinión pero que se siente experta en todo
menos en su vida.
Cuando pidas un consejo, que sea de alguien que tú admires
y haya creado algo parecido a lo tuyo, o de asesores
capacitados que sean profesionales en el área que tú
necesitas.

11. Nunca gastes dinero que no tienes, es peligroso.
Recuerda que gastar no es lo mismo que invertir. La gente
con mentalidad de pobre piensa que para hacer dinero se
necesita dinero y no inteligencia financiera.

12. Nunca dejes de ser tú, no eres actor.
Al ser tú una persona única no necesitas actuar. Ya tienes el
antídoto para la enfermedad que solo tú puedes curar.
Cuando juegas a no ser tú, lo único que estás logrando es
privar al mundo de tu poder.

13. Nunca te burles de nadie. Respeta.
La burla solo habla de tu nivel intelectual. Cuando te ríes de
otra persona, de lo que te estás riendo es de tu impotencia,
miedo, rechazo, vergüenza y otras emociones tóxicas que
como no las experimentas tú, entonces te producen alivio.
Aprende a reírte de ti y nada te detendrá.
Nunca te quejes ni te burles. Busca soluciones y aprende.
Recuerda que la queja y la mofa solo son expresiones de tu
impotencia.

14. Nunca dependas de un solo ingreso, busca tener más de
tres.
Mientras las personas mediocres buscan ganar más y gastar
más, la gente exitosa invierte en activos que con el tiempo

se convierten en más ingresos. Es importante que entiendas
que no hay activos pequeños, todo suma.

15. Nunca hagas trampa para lograr el éxito, no vale la pena.
    Por desgracia existen muchas personas que buscan el
    camino rápido y fácil hacia el éxito. Aunque en la cultura
    latinoamericana es común escuchar: "El que no tranza no
    avanza", las personas de éxito no requieren hacer trampa
    para alcanzar su sueño. Cada paso que dan es una pisada
    exitosa y disfrutan el viaje, no el destino.

16. Nunca te des por vencido, siempre aparecen oportunidades.
    Tus sueños valen la pena y merecen todo tu esfuerzo hasta
    hacerse realidad. No existen aspiraciones pequeñas solo
    personas que sueñan poco.
    Modera tu consumo de alcohol.
    La forma de beber habla mucho de una persona. Cuando no
    tienes la capacidad de decir que no o solo decides tomar un
    poco, entonces seguramente no tienes la disposición de
    recorrer el camino al éxito. Al igual que con las adicciones,
    quien se encuentra dominado por una sustancia o
    compulsión, es imposible que alcance la libertad interior
    para ser un triunfador.

17. Nunca hagas negocios con tahúres. Evítalos.
    Como no existen caminos fáciles al éxito, aléjate de las
    personas que crean que la vida es suerte o que saben cómo
    encontrar el camino más rápido.

18. Nunca le impidas a un colaborador que sea líder. Apóyalo.
    Aprenderás a crecer más rápido si quien te ayuda a cumplir
    tu sueño es más experto que tú.

19. Nunca llores por tu pasado, es perder el tiempo.
    Del pasado se aprende o se deja como una experiencia.
    Sufrir por lo que no se puede corregir es una manera de que

tu enemigo interno te estorbe en tu desarrollo. Del error siempre se aprende.

20. Nunca rechaces algo por impulso. Puedes perder oportunidades de triunfar.
Es muy importante que cuando tomes decisiones siempre sea desde un estado de ánimo calmado y sereno. Si te encuentras demasiado angustiado o preocupado con algo que no has resuelto, entonces no es momento de tomar determinaciones.

21. Nunca digas que sí cuando quieras decir no. Es autorespeto.
Así como tú quieres que la gente te trate como una persona exitosa, lo mismo debes hacer tú con los demás. Di que no cuando algo no te guste o no te parezca y explica el por qué.

22. Nunca aceptes un trabajo sin que antes te lo expliquen bien. Hay que ser cuidadoso.
Cualquier compromiso que asumas es importante que lo entiendas perfectamente. Así como con los contratos, nunca debes firmar nada sin leerlo antes, tienes que comprenderlo y estar de acuerdo.

23. Nunca presumas tu fortuna a nadie. Eso es cuidarte.
De por sí la gran mayoría de las personas son mediocres como para que estés alardeando que tú sí saliste de la media. Evita la envidia y mejor crea oportunidades para las gente que viene detrás de ti.

24. Nunca dejes de estar actualizado, eso es ser inteligente.
El día que dejas de aprender comienzas tu caída a la mediocridad.

25. Nunca contrates a quien no está interesado en tu programa. Sé cuidadoso.

La razón por la que el nombre de recursos humanos está cambiando a atracción de talentos es porque ahora las empresas quieren personas que deseen construir el propósito de la compañía y no que solo quieran ganar dinero.

26. Nunca desistas de tus proyectos. Descansa y posteriormente continúa.
Aprende a relajarte. Dejar descansar tu mente es una técnica que las personas más exitosas han encontrado como la mejor solución al estancamiento.

En Japón se enseña que para que un pintor logre ser el mejor debe aprender a pintar durante una década y después no volver a tocar una pintura en otros diez años. Cuando regrese a pintar será desde el arte y no desde la técnica. Un descanso de unos días te abrirá los ojos a nuevas oportunidades.

Frases de autoapoyo

Están diseñadas para apoyarte a vivir. Su función es mantenerte como una persona activa en tu desarrollo constante.

- **Solo vives lo que te atreves a vivir**

El poder de todo lo que has aprendido radica en la acción. De nada sirve lo que puedas aprender de este libro o de los miles de artículos escritos sobre el tema de libertad financiera. Si decides atreverte a vivir una vida sin límites y de abundancia, entonces esa es la existencia a la que tendrás derecho a disfrutar.

- **Hay una cosa mejor que triunfar y es no necesitarlo**

Cuando has alcanzado el camino a la libertad financiera o a cualquier forma que para ti sea exitosa, entonces dejarás de buscar el triunfo. Cuando una necesidad está satisfecha dejas de buscar saciarla. Asimismo, con tu desarrollo personal y cuando lo hayas alcanzado, podrás disfrutar de sus frutos, y cuando vuelva a ser tu momento podrás volver a empezar.

- **Solo tú eliges la importancia que le das a las cosas**

Eres la única persona que puede darle significado a tu vida. A lo largo del libro te hemos enseñado lo importante que es tener una actitud positiva ante la vida. Los seres humanos le damos valor a las situaciones que vivimos y por lo mismo podemos o no sentirnos empoderados o limitados ante los eventos que se nos presentan en cada paso. Tú eres el responsable de cómo deseas vivir cada experiencia.

- **Suena la música, sube el telón... ¿qué ves?**

Esperamos sinceramente que seas tú el del papel protagónico y con la energía suficiente como para actuar toda la vida.

- **No le tengo miedo a nada, por eso consigo todo lo que quiero**

Este es el pensamiento de las personas triunfadoras.
El miedo solo será una alerta, jamás tu bandera.

- **Cuando tu trabajo es tu pasión todo fluye de manera natural**

El entusiasmo, los deseos ardientes y el propósito hacen que cualquier trabajo pierda el significado de ser duro, malo o aburrido.

Fluir es un proceso en donde las capacidades mentales y nuestras habilidades físicas se funden en una sola experiencia y pareciera que el tiempo y nuestra personalidad se desvanecen para crear arte. Cuando te encuentras en estado de fluir todo ocurre como si la naturaleza tomara el control de tu vida y fueras parte del universo.

- **La vida es tan dura como tú la quieras vivir**

La realidad la creamos nosotros en nuestro mundo interno gracias a la información que nuestros mayores nos mostraron, por lo tanto, si solo nos enfocamos en lo que nos genera dolor, angustia o temores, la vida será muy complicada, ¿pero qué ocurre si nos enfocamos en lo que sí tenemos?, ¿de lo que sí estamos agradecidos?, ¿y de estar vivos? Entonces la vida será hermosa y sencilla. Con sus cielos e infiernos, pero la diferencia estará en la manera en cómo decidamos vivir.

Notas finales

Miles de libros se han escrito sobre temas de libertad financiera, revistas semanales, quincenales y mensuales salen todo el tiempo hablando del tema, videos, mensajes estimulantes, blogs por Internet y en medios de comunicación masiva se habla del tema; todo esto sucede todos los días y aún así tenemos personas sufriendo para pagar deudas, padeciendo acoso telefónico por parte de empresas que quieren cobrar los intereses descomunales y hasta cierto punto injustos. ¿Cómo es posible que con tanta información haya tanta deuda?

La respuesta no está en la información, sino en la aplicación. Por desgracia, no importa el gurú financiero, el administrador o la información que obtengas de miles de lugares si tu inteligencia emocional no está preparada para el trabajo que se requiere implementar.

Es por este motivo que nació el Máster en Desarrollo de la Abundancia Financiera (MDAF). La meta es apoyarte a desatar el potencial que llevas dentro y que puedas eliminar todas esas creencias limitantes que a pesar de tener la información correcta no puedes aplicar.
El objetivo es que te conviertas en un Gestaltpreneur y desarrolles el negocio de tus sueños

¿Es el MDAF la solución a tus problemas económicos? La respuesta es no, pero es el inicio y el camino correcto. No te podemos sacar del hoyo, pero sí te podemos entregar la escalera, la linterna y hasta el arnés de seguridad para que, si sigues nuestros pasos, nuestro método y las tareas, podrás alcanzar esa libertad que está promocionada en todas partes.

En el MDAF no solo se apoya el cambio de creencia desde el pensamiento de potencia, sino que además se lleva a la práctica. Esto es la base del éxito. El objetivo esencial del MDAF es apoyar a los emprendedores a lograr ascender en la escala social con la idea de formar empresas de éxito y crear a su debido tiempo un movimiento social para que muchas familias latinoamericanas obtengan mejores condiciones de vida.

Desde el modelo psicológico y psicoterapéutico Gestalt, el MDAF ofrece herramientas reproducibles de fácil aplicación desde el primer día del entrenamiento. En el MDAF estamos empeñados en apoyar el desarrollo personal de nuestros alumnos hacia el esclarecimiento y empoderamiento de su propio potencial para que ellos sean quienes empleen a otros, adquiriendo nuevos conocimientos que les servirán de base para el desarrollo de su autoconfianza y lograr la meta que se hayan propuesto.

Todos en el mundo tienen problemas, todos. La diferencia es que cuando entras al MDAF te das cuenta que es mejor tener los contratiempos que manejan las personas millonarias que las contrariedades que tienen las personas con carencias. El MDAF te ofrecerá las opciones disponibles para resolver cualquier obstáculo que haya en tu camino.

El MDAF imparte más de cien horas de práctica y sus mentores están psicológica y emocionalmente desarrollados para apoyar el cambio profundo de nuestro alumnado. Esto es lo que se logra en el MDAF si realmente deseas hacer un cambio de creencias. Por eso nosotros enseñamos a nuestros alumnos la libertad personal de pensar de diferentes maneras para lograr lo que realmente desean para vivir mejor y eliminar cualquier tipo de duda, culpa, o miedo de emprender algo nuevo y lograr el objetivo que cada quien haya deseado.

En el MDAF fortalecemos la autoestima del alumno eliminando los autoconceptos negativos heredados desde la niñez, facilitando un cambio de creencias. Sabemos que las neurociencias determinan que una permuta de hábito requiere cuatro meses de trabajo y ese es el tiempo que requerimos trabajar en nuestro Máster.

El ser agradecido es esencial dentro del camino al éxito. Sin la gratitud no es posible alcanzar el éxito. Y así como en el MDAF les hemos enseñado a nuestros alumnos a vivir una vida sin ataduras, también aprenden a dar las gracias.

La seguridad financiera es un tema al que nombraremos la experiencia de tener suficiente dinero como para vivir un año sin hacer nada. Sabemos que se puede malinterpretar, sin embargo, las personas que se han graduado del MDAF saben perfectamente de lo que hablamos.

En el MDAF se apoya la caridad cuando hemos llegado a cumplir con nuestros objetivos de evolucionar en una mejor clase social. Las bases científicas del decreto las damos en el MDAF para que los estudiantes puedan crear de la mejor manera sus sueños y así en solo cuatro meses alcanzar los sueños que tanto desean.

Dentro del MDAF los alumnos aprenden el poder de las ventas porque no hay mejor forma de comunicar la experiencia que sabiendo hacer buen uso de los resortes psicológicos. Asumir los valores de honestidad, respeto, responsabilidad y amor hacen a la persona que los utiliza un excelente ser humano y a su conducta algo digna de ser imitada.

No te deseamos éxito. Eso depende totalmente de ti. Si flaqueas en tus intentos, no desesperes y descansa, tú eres el único responsable de tu vida. ¿Quieres crecer?, depende de ti. ¿Quieres fracasar?, también depende de ti. Es tu elección.

Para contactar con el Dr. Héctor Salama
Facebook: https://www.facebook.com/hectorsalama/

Para contactar a Adrián Salama
Facebook: https://www.facebook.com/adriansalamaoficial/

Para conocer más sobre Gestalt puedes entrar a
www.ugestalt.edu.mx

Para conocer más sobre el MDAf entra a www.mdasalama.com

www.ingramcontent.com/pod-product-compliance
Lightning Source LLC
Chambersburg PA
CBHW031235250726
48655CB00005B/1962